Roland Flückiger-Seiler
Hotel Waldhaus Sils-Maria
Kanton Graubünden

Einleitung (Hans Rutishauser)	4
Hotels im Oberengadin	4
Der Fremdenort Sils	7
Das Hotel Waldhaus	11
Die Hotelanlage	11
Das Hotel auf dem Hügel	11
Der L-förmige Grundriss	14
Das Treppenhaus als räumlicher Höhepunkt	17
Das Intérieur: Empire und Biedermeier, englisch und modern	19
«Wohnzimmer» und Salons in der Saaletage	21
Die Hotelzimmer: «gute Raumkunst» gestern und heute	30
Eine Hotelburg mit Metalleinlagen	32
Elektrizität und Dampfheizung, Privatbäder und Lifthydraulik	33
Der Hotelbau 1905–1908	36
Der Hotelbetrieb	41
Die ersten Jahre	41
Die erste Wintersaison 1924	43
Der Brand von 1927	44
Eine neue Erscheinung in den 1920er-Jahren	45
Betrieb auf Sparflamme bis 1960	45
Modernisierungen in den 1960er-Jahren	46
Grosse Neubauprojekte 1970–1990	48
Rückbesinnung	48
Würdigung	50
Quellen und Literatur, Bildnachweise, Dank	54
Der Autor, Nützliche Hinweise	54
Grundrisse	55

Einleitung

Der Alpenkanton Graubünden verfügt über ein einzigartig kostbares Kapital an Naturlandschaften und Kulturdenkmälern. Die gebauten Zeugen der Geschichte meinen wir bestens zu kennen: Bauernhaus, Bürgerhaus und Burg; Kloster, Kirche und Kapelle. Seit der zweiten Hälfte des 19. Jahrhunderts entstanden aber zunehmend neue Kategorien schutzwürdiger Objekte, welche die Denkmalpflege heute zu erhalten sucht: Technikbauten, historische Verkehrswege, Gärten und Gasthäuser. Im Alpenbogen sind zwischen 1870 und 1914 zahlreiche grossartige Hotelpaläste gebaut worden. Die prächtigsten wohl im Oberengadin. Hundert Jahre später muss man qualitätvolle, authentisch bewahrte Hotels aus der Gründerzeit suchen. Wirtschaftskrisen, Bauschäden, Betreiber- und Besitzerwechsel, fehlende Investitionen oder gar zu viel Geld in falschen Händen haben viele historische Hotels ihrer wertvollen Substanz beraubt.

Das Waldhaus in Sils blieb nicht vor einem Brandschaden verschont, und auch in diesem Haus haben laufend Erneuerungen und Betriebsanpassungen stattgefunden, aber diese erfolgten, dank der Kultur der Eigentümer und Betreiber, mit grossem Respekt vor der historischen Substanz. Zu dieser gelebten Hotelkultur gehört es auch, dass für Rücksicht und Gestaltungsqualität bekannte Architekturbüros beigezogen werden. Die Zusammenarbeit zwischen Bauherrschaft und Bauleitenden geschah hier so gekonnt, dass eine Bauberatung durch die Denkmalpflege sich fast erübrigte. Diesen Respekt vor der Geschichte spüren und geniessen auch die Gäste dieses Hauses. Dabei möge ihnen dieser Führer neues Wissen vermitteln.

Dr. Hans Rutishauser, kantonaler Denkmalpfleger

Hotels im Oberengadin

Thermalquellen und heilende Wasser bildeten im Kanton Graubünden den Ausgangspunkt der touristischen Entwicklung. Bis weit ins 19. Jahrhundert konzentrierte sich der Bündner Tourismus auf diese Orte, ganz im Gegensatz zu den anderen bedeutenden Fremdenregionen der Schweiz. Im Oberengadin erlangte die Eisenquelle von St. Moritz bereits im ausgehenden Mittelalter den Ruf einer bedeutenden Heilquelle, eine Gasthausinfrastruktur entwickelte sich dort

St. Moritz Bad mit den Kurhäusern des Architekten Felix Wilhelm Kubly von 1856 (links) und 1864 (rechts). Foto nach der Aufstockung von 1905 durch Nicolaus Hartmann jun. (heute Kempinski Hotel).

aber erst im 19. Jahrhundert: 1831/32 entstand ein erster Gasthof, 1856 das neue *Curhaus* des St. Galler Architekten Felix Wilhelm Kubly (1802–1872) und acht Jahre später vom gleichen Architekten ein Neubau für 300 Kurgäste (heute *Kempinski Hotel*). Im Dorf St. Moritz entstand kurz nach 1840 die *Pension Faller*, die erste eigentliche Fremdenpension im Oberengadin, die sich unter Johannes Badrutt (1819–1889) als Pächter und späterem Eigentümer, als *Hotel Kulm* zu einem Grossbetrieb entwickelte. Nach der Erstbesteigung des Piz Bernina 1850 fand man auch in Pontresina erste bescheidene Pensionen in ehemaligen Bauernhäusern.

In den 1860er-Jahren entstanden die ersten Hotels am Rand der alten Dörfer oder als Solitärbauten in der Landschaft, als Wegbereiter 1866 das *Bernina* in Samedan, entworfen vom Zürcher Architekten Johann Jakob Breitinger (1814–1880). Kurz danach errichtete der aus Vicenza stammende Architekt Giovanni Sottovia mit dem *Hotel Roseg* in Pontresina (heute Ferienresidenz) den ersten völlig frei stehenden Hotelbau in der Oberengadiner Landschaft.

1870 wurde das wohl vom Architekten Giovanni Sottovia aus Vicenza entworfene Hotel Roseg in Pontresina als erster frei stehender Hotelbau in der Oberengadiner Landschaft eröffnet (heute Ferienresidenz). Foto um 1920.

Das «Hôtel-Kursaal de la Maloja» entstand 1882 bis 1884 als «Monte Carlo der Alpen» auf Initiative des belgischen Adeligen Graf Camille de Renesse. Bis zur Eröffnung hatte der Bau knapp 7 Mio. Goldfranken, mehr als 6% des damals in der Schweiz vorhandenen Bargeldes, verschlungen (heute belgisches Ferienheim). Foto um 1900.

Im Jahrzehnt nach 1875, mancherorts die Zeit einer eigentlichen Krise im Fremdenverkehr, entstanden im Oberengadin bedeutende Grosshotels: das *Victoria* (heute Clubhotel) und das *Du Lac* (Abbruch 1974) in St. Moritz Bad oder das *Edelweiss* in Sils. 1884 begann das *Hotel-Kursaal Maloja* als damals grösstes Hotel in der Gegend seine erste Sommersaison. Ein belgischer Adeliger konnte sich dort seinen Traum einer Luxuswelt in der Einsamkeit verwirklichen (heute Ferienheim). Um 1890 hatten sich mit St. Moritz (rund 2900 Betten) und Pontresina (rund 1200 Betten) im Oberengadin zwei bedeutende Kurorte etabliert, während man im übrigen Kantonsgebiet nur in Davos über 1000 Gästebetten fand.

Nach 1890 begann mit dem neuen *Stahlbad* in St. Moritz Bad (Abbruch nach Brand 1971) sowie dem *Palace* und dem *Schweizerhof* im Dorf eine letzte Hotelbauphase, die sich nach der Eröffnung der Bahnlinie bis St. Moritz 1904 in eine eigentliche Baueuphorie steigerte. Deren Höhepunkt markierte das 1905 eröffnete *Grand Hotel* von St. Moritz, ein vom einheimischen Architekten Karl Koller entworfener Monumentalbau über dem See, der zur Zeit seiner Eröffnung als grösstes Gebäude der Schweiz galt (Abbruch nach Brand 1944). Die kurz vor dem Ersten Weltkrieg eröffneten Hotels *Monopol*, *Suvretta House*, *Carlton* und *Rosatsch* (Abbruch 1986) sowie die *Höhen–Kuranstalt Chantarella* (Abbruch 2001) bildeten das eigentliche Furioso, das den Bauboom der «Hotelstadt Oberengadin» für lange Zeit beendete.

Der Fremdenort Sils

Segl (deutsch Sils) bestand seit alter Zeit aus den zwei Siedlungsteilen Sils-Maria und Sils-Baselgia, dazwischen lag früher eine unbebaute Ebene. Maria hat sich am Eingang zum Fextal aus einem alten bischöflichen Meierhof (maioria) entwickelt; Baselgia entstand als Kirchdorf im Windschatten der Halbinsel Chasté.

Wie anderswo im Oberengadin kamen auch einige Silser Familien in der Fremde als initiative Kaffeehausbesitzer, Zuckerbäcker oder Schokoladefabrikanten zu grossem Reichtum und führten ihrer Heimat beträchtliche finanzielle Ressourcen zu. So wurde das Oberengadin im späten 19. Jahrhundert sogar zum bedeutendsten Finanzplatz im Kanton. Ein berühmter Vertreter dieser reichen Rückwanderer war der Silser Johann Josty (1773–1826), der kurz vor 1800 in Berlin das Café Josty eröffnet hatte und im Hungerjahr 1817 als «reichster Engadiner» in Sils-Baselgia ein imposantes Wohnhaus mit über 30 Zimmern erbauen liess.

Während den frühen Touristen in St. Moritz, Samedan und Pontresina bereits um 1850 erste Gasthäuser errichtet wurden, blieb Sils bis ins späte 19. Jahrhundert ein von traditionellen Engadiner Häusern geprägtes Bauerndorf. Am Anfang seiner touristischen Entwicklung stand das *Hotel Alpenrose* («bei Barblan») am nordwestlichen

Sils-Maria mit den Hotels Edelweiss, Barblan, Waldhaus und Alpenrose (von links nach rechts) kurz nach Eröffnung des Waldhauses.

Dorfrand von Sils-Maria, das in den frühen 1860er-Jahren aus einem älteren Wohnhaus entstand und bereits nach kurzer Zeit vergrössert wurde. 1871 richtete der Hotelpionier Johannes Badrutt im ehemaligen Patrizierhaus von Johann Josty das *Hôtel de la Grande Vue* ein, das sich in den 1880er-Jahren auch *Pension Beauséjour* oder *Entre Lac* nannte. Als drittes grosses Gasthaus entstand 1875/76 im Ortskern von Sils-Maria das *Hotel Edelweiss* von Paul Zuan: Der erste eigentliche Hotelbau in Sils kam an die Stelle eines Bauernhauses zu stehen und konnte in seinem vierstöckigen, würfelförmigen Bau mit polygonalem Eckturm insgesamt 60 Betten anbieten. Während seiner Sommeraufenthalte in einem Silser Privathaus war Friedrich Nietzsche von 1881 bis 1888 oftmals in den Hotels *Alpenrose* und *Edelweiss* anzutreffen.

Im frühen 20. Jahrhundert erreichte der Silser Hotelbau mit einem erstaunlichen, auf wenige Jahre konzentrierten Bauboom seinen Höhepunkt. 1901 entstand in einem Patrizierhaus aus dem 16. Jahrhundert in Sils-Baselgia die *Pension Chasté*. Etwa gleichzeitig eröffnete Peter A. Badrutt (1875–1934), der Enkel von Johannes Badrutt, gleich gegenüber im ehemaligen *Hôtel de la Grand Vue* die *Hotel-Pension Margna* mit etwa 20 Betten. Sie war ausgerüstet mit «elektrischem Licht und Abtritten [Toiletten] nach dem neuen englischen System». 1905/06 wurde das Gasthaus durch den St. Moritzer Archi-

Am Anfang der touristischen Entwicklung von Sils-Maria stand das Hotel Alpenrose, das kurz nach 1860 aus einem älteren Wohnhaus entstand. 1907/08 verlieh ihm Architekt Nicolaus Hartmann jun. ein neues Erscheinungsbild im «Bündnerstil» (heute Ferienresidenz). Fotos um 1890 und 1910.

1871 richtete der Hotelpionier Johannes Badrutt im Patrizierhaus von Johann Josty das Hôtel de la Grande Vue ein. 1905/06 wurde das nun Hotel Margna genannte Haus vom Architekten Nicolaus Hartmann jun. umgebaut und 1913/14 mit einem weiteren Gebäudeflügel erweitert. Fotos um 1890 und 1920.

Das Hotel Edelweiss von Paul Zuan entstand 1875/76 als vierstöckiger, würfelförmiger Bau im Ortskern von Sils-Maria. Zwischen 1901 und 1908 entstand nach Plänen der Gebrüder Ragaz aus Samedan u. a. ein neuer Flügel mit Eckturm (Flügelbau durch Neubau ersetzt). Foto um 1910.

tekten Nicolaus Hartmann junior (1880–1956) in den ehemaligen Stallteil erweitert und 1913/14 mit einem neuen Anbau versehen. Im Winter 1906/07 führte dieses Haus die erste Silser Wintersaison durch (Hotelgebäude später mehrmals umgebaut und erweitert). Das *Hotel Edelweiss* erhielt zwischen 1901 und 1908 nach Plänen der Gebrüder Ragaz aus Samedan einen neuen Flügel mit Eckturm, einen repräsentativen Speisesaal und nach Nordosten eine Dependance, womit sich seine Bettenzahl auf 160 erhöhte (Dependance 1972 ausgekernt, 1978 Ersatz des Seitenflügels durch ein Appartementhaus sowie Restaurierung des Speisesaals im Altbau). Um 1905 entstand zuhinterst im Fextal das *Hotel Fex*, offenbar unter Verwendung von Bauteilen aus dem ersten Kurhaus von St. Moritz. 1907/08 ersetzte Architekt Hartmann beim *Hotel Alpenrose* das Flachdach durch ein Satteldach und verlieh dem Haus ein neues Erscheinungsbild im «Bündnerstil» (1974 geschlossen, nach Gesamtsanierung seit 1999 Ferienresidenz). 1907 eröffnete Ferdinand Barblan (1878–1957) sein *Hotel Barblan*, den späteren *Schweizerhof*. Dieser markante

Das 1907 von Ferdinand Barblan eröffnete Hotel Barblan (später Schweizerhof) war ein Entwurf des Zürcher Architekten Arnold Huber (1983/84 Abbruch und Neubau durch die Architekten Ruch & Hüsler, St. Moritz). Foto 1907.

symmetrische Winkelbau am Fuss des Waldhaus-Hügels war ein Werk des Zürcher Architekten Arnold Huber (1868–1948), der vor allem für seine Hotelbauten in Pontresina (*Müller*, *Schweizerhof*, *Palace* [heute *Hotel Walther*] und *Rosatsch*) bekannt war (Abbruch des gut erhaltenen Gebäudes und Neubau 1983/84 durch die Architekten Ruch & Hüsler, St. Moritz). 1908 eröffnete der in St. Moritz tätige Hotelier Josef Giger das Hotel Waldhaus nach Plänen des Engadiner Architekten Karl Koller.

Die letzten Gasthäuser aus der Zeit vor dem Ersten Weltkrieg hatten das Engadiner Bauernhaus als architektonisches Vorbild: das von Architekt Hartmann entworfene *Hotel Sonne* von 1909 bei der Kapelle im Fextal sowie der *Silserhof* von 1910, ein Hotel mit Landwirtschaftsbetrieb und Metzgerei in der Ebene zwischen den beiden Dorfteilen (Gebäude stark umgebaut). 1932 erschienen mit der *Pension Cappellari* auch die Bauformen des «Neuen Bauens» in Sils (seit 1945 *Hotel Maria*, mehrmals umgebaut).

Links: Das Hotel Sonne bei der Kapelle im Fextal von 1909 war ein Neubau des Architekten Nicolaus Hartmann jun. Ansichtskarte um 1920.

Rechts: Das Hotel Silserhof entstand 1909/10 in der Ebene zwischen den beiden Silser Dorfteilen. Foto um 1940.

Die Pension Cappellari entstand 1931/32 in den modernen Formen des «Neuen Bauens» (seit 1945 Hotel Maria, mehrmals umgebaut). Foto 1932.

Das Hotel Waldhaus

Die Hotelanlage

Das Hotel auf dem Hügel

Das als Hotelburg entworfene Waldhaus war eine logische Antwort des erfahrenen Hotelarchitekten Karl Koller auf die Standortwahl des Hoteliers Josef Giger. Auf dem dominierenden Hügel über Sils-Maria hätte man sich auch eine mittelalterliche Burganlage vorstellen können. Die asymmetrische Anordnung von Gebäudeteilen, Fassaden und Dächern empfinden das Bild einer traditionellen Burg mit Donjon und Palas nach. In ihrer Fassadengestaltung wirkte die neue Hotelanlage aber ausgesprochen nüchtern, denn auf Wunsch des Bauherrn hatte Koller auf zahlreiche ursprünglich geplante Zierformen, wie Fensterverdachungen, Giebel und Fassadenschmuck, verzichtet.

Auch der Standort des Waldhaus war von symbolischer Bedeutung. Zu Beginn des 20. Jahrhunderts galt ein entfernt von Ortschaften gelegenes Hotel als eine besonders geschätzte Luxusoase, die den sozialen Unterschied zu den Einheimischen baulich klar zum Ausdruck brachte. Wie in der geschlossenen Welt eines Ozeandampfers bot ein solches Hotel seinen Gästen alles an, was sich diese während ihres Aufenthalts nur wünschen konnten.

Erster Hotelprospekt von 1908.

Endlich die Wahrheit über das Waldhaus in Sils-Maria

Vom Waldhaus in Sils-Maria, wahrscheinlich dem berühmtesten Hotel im Schweizer Engadin und einem der schönsten, haben wohl viele schon gehört, weil Leute wie Adorno oder Dürrenmatt, Thomas Mann oder Max Reinhardt, Visconti oder Thomas Bernhard, also Berühmtheiten der seriösesten Art, hier zu Gast gewesen sind. Andere wiederum, die nicht so heißen, sind selbst im Waldhaus gewesen und haben seine Besonderheit und Absonderlichkeit zu lieben oder zu meiden gelernt.

Die wenigsten aber wissen, dass es ursprünglich ein Schiff gewesen ist. Das wird von der neuesten gastrohistorischen Forschung unzweifelhaft belegt. Der unbefangene Beobachter kann daran nichts Merkwürdiges finden. Er sieht den ehemaligen Luxusdampfer weiß aus dem dunklen Nadelwald emporleuchten. Deutlich zeichnen sich am Heck die prachtvoll verzierten Kabinen ab, wie man es von alten Kauffahrteischiffen kennt.

Wie allerdings kam das Schiff auf den Berg? Drei Theorien haben sich im Lauf einer erbitterten Diskussion durchgesetzt. Die erste, ganz offensichtlich theologisch inspirierte Theorie spricht davon, Gott der Herr sei über den sündhaften Lebenswandel der Engadiner, die ihre schöne Landschaft zu Wucherpreisen verkauften und unschuldige Ausländer schamlos ausbeuteten, dermaßen erzürnt gewesen, dass er beschlossen habe, alle in einer großen Flut zu ersäufen, alle außer seinem gerechten Knecht Josef Giger. Den habe er zu sich gerufen und ihm befohlen, eine Arche zu bauen. Von allem, was lebe und für die Zukunft des Engadins von Bedeutung sei, nämlich Köche und Kellner, Zimmermädchen und Barpianisten, Sommeliers, Hoteliers und Portiers, die Gäste keinesfalls zu vergessen, solle er je ein Männchen und ein Weibchen in die Arche führen. Josef Giger tat, wie ihm geheißen, und als die Flut endlich sank, blieb die Arche auf jenem Fleck liegen, wo heute das Waldhaus steht.

Das zweite Erklärungsmodell nimmt Bezug auf die Tatsache, dass seinerzeit das gesamte Gebiet zwischen Maloja und Pontresina ein einziger großer See war. Josef Giger habe als Erster erkannt, dass sich daraus etwas machen ließe, und er habe 1908 ein luxuriöses Kreuzfahrtschiff mit allem Schnickschnack wie Pool und Tennishalle bauen lassen. Mit der MS Amalie, benannt nach seiner geliebten Gattin, sei er erfolgreich zwischen den Bergen hin und her gekreuzt. Dessen aber sei er nach einigen Jahren müde geworden und habe den Felsen oberhalb von Sils-Maria zum ständigen Liegeplatz gewählt – eine äußerst glückliche Entscheidung, denn nicht lange darauf sank infolge anhaltender Trockenheit der Seespiegel bis auf das heutige Niveau, sodass die MS Amalie auf dem schönsten Aussichtspunkt zu liegen kam. Da allmählich ringsumher ein Wald wuchs, hätten Gigers Erben die ehemalige MS Amalie nur noch «das Waldhaus» genannt.

Nach der dritten, ausgesprochen riskanten Theorie sei dem Kapitän Giger der übergroße Erfolg seines Kreuzfahrtunternehmens zu Kopf gestiegen, dergestalt, dass ihn ein Allmachtswahn befallen und er, wie weiland der Abenteurer Fitzcarraldo, beschlossen habe, mit seinem Schiff über den Berg ins

MS Amalie mit Besatzung im März 1998.

Fextal einzudringen. Er sei davon überzeugt gewesen, die MS Amalie werde von ihrer eigenen Bugwelle über die Anhöhe hinweggetragen. Stattdessen und wie zu erwarten prallte das Schiff gegen den Felsen und bohrte sich tief in ihn hinein. Das auf dem Oberdeck befindliche Schwimmbad löste sich aus seiner Verankerung und flog einige zig Meter voraus, bis es auf einem kleinen Plateau oberhalb des heutigen Hotels zum Halten kam. Wir wollen diese hanebüchene Theorie nicht näher kommentieren. Gleichwohl erklärt sie die ungewöhnliche Lage der Schwimmhalle, die mit dem Hauptgebäude durch eine Art Gangway verbunden ist.

Text von Ulrich Greiner aus DIE ZEIT vom 18.9.2003, mit Erlaubnis des Autors gekürzt und leicht redigiert.

Der L-förmige Grundriss

Das Waldhaus gehört zu den seltenen Hotelanlagen mit einem L-förmigen Grundriss (s. Grundrisse S. 55/56). Einem Hauptbau in Nord-Süd-Richtung ist auf der Nordwestseite ein Querflügel angefügt. Auf allen Etagen finden sich deshalb ein Hauptkorridor sowie ein Quergang, an denen sich die Gästezimmer beidseitig aufreihen.

Bei der Planung des Hotels hatte sich Josef Giger intensiv mit der Grundrisseinteilung beschäftigt. So befindet sich beispielsweise die Küche nach seinem Entscheid auf der Saaletage, zwar am Ort mit der schönsten Aussicht, aber dadurch in unmittelbarer Nachbarschaft zu den Speisesälen; eine Lösung, die noch heute im Betrieb viel Personal einspart. Zudem konnten in den drei Geschossen unter der Küche sämtliche Keller, Vorrats- und Nebenräume sowie die Esszimmer für Personal und Bedienstete der Gäste angeordnet werden.

Die ursprünglichen Gästezimmer im Zwischenstock über dem Saalgeschoss sowie auf der Nord- und der Ostseite unter Küche und Speisesaal werden seit den 1920er-Jahren als Personalzimmer genutzt. (Noch heute befinden sich im Hauptgebäude über fünfzig Mitarbeiterzimmer und zudem in den Nebengebäuden dreissig Wohnungen und Studios.) Der oberste, vierte Stock hingegen, der bei der Eröffnung mehrheitlich Räume für Hotelpersonal und Bedienstete aufwies, mutierte zwischen 1927 und 1997 zum Gästetrakt, ist aber erst seit Sommer 2005 mit einer repräsentativen Treppenanlage erschlossen.

Blick durch die originale Glaswand in die Hotelküche. Foto 2005.

Das 1902 eröffnete Caux Palace Hôtel hoch über Montreux entwarf der Beaux-Arts-Architekt Eugène Jost aus Lausanne. Foto um 1910.

Hotelschloss und Hotelburg

Burgen und Schlösser vereinigten in der Architektur seit jeher das Bedürfnis nach Schutz und Sicherheit mit dem Wunsch nach besonderer Repräsentation. Im Laufe des 19. Jahrhunderts verbreiteten sich in Europa zahlreiche repräsentative Bauformen. Dabei entstanden auch die ersten Burg- und Schlosshotels, wie zum Beispiel 1883 das *Gütsch* in Luzern, eine an Neuschwanstein erinnernde Architekturinszenierung. Kurz nach 1890 gestaltete der Lausanner Architekt Francis Isoz mit dem neu interpretierenden Wiederaufbau der mittelalterlichen Schlossanlage von Ouchy als *Hôtel Château d'Ouchy* eine besonders markante Reminiszenz an den mittelalterlichen Burgenbau. Das 1892–1896 von den Zürcher Architekten Chiodera & Tschudy erbaute *Palace Hotel* in St. Moritz war die erste Hotelburg im Engadin. Das *Restaurant Waldhaus Dolder* (1895; Abbruch 1972) und das *Grand Hotel Dolder* in Zürich (1899) inszenierte der Architekt Jacques Gros als eigentliche Schlossanlagen im Schweizer Holzstil. Eines der eindrücklichsten Hotelschlösser schuf der Westschweizer Eugène Jost mit dem 1902 in Caux über Montreux eröffneten *Palace Hôtel*. Zu Beginn des 20. Jahrhunderts etablierte sich Architekt Karl Koller in St. Moritz als bedeutendster Entwerfer von Hotelburgen (s. S. 38). Den Abschluss in der Reihe schweizerischer Burg- und Schlosshotels bildeten das von Koller entworfene *Kurhaus* im Val Sinestra im Unterengadin (1912) und das *Royal Hotel & Winter Palace* in Gstaad (1913). Das nahende Ende dieser Epoche belegte aber bereits eine Publikation über Gasthäuser und Hotels 1911, die das *Park Hotel Vitznau* von Koller zwar als «mustergültiges Beispiel» für einen neuzeitlichen Hotelbau vorstellte, aber gleichzeitig dessen «schlossartiges Äussere» als Fehler bezeichnete.

Gleichzeitig mit dem Waldhaus erbaute der Architekt Karl Koller auch das Schlosshotel in Pontresina. Foto um 1910.

Topografie und Stockwerke

Bedingt durch die Geländebeschaffenheit erhielt jede Fassade eine unterschiedliche Anzahl Stockwerke: Die Nordseite über der Zufahrtsstrasse ins Fextal beispielsweise weist zwischen Keller und Dachgeschoss insgesamt elf Etagen auf, die gegenüberliegende Südfassade hingegen nur sieben. Die Bezeichnung der Geschosse trug der topografischen Eigenart Rechnung. Zwischen dem Eingangsgeschoss und der so genannten ersten Etage sind Mezzanin (Halbstockwerk über dem Erdgeschoss) und Beletage (repräsentatives erstes Stockwerk) eingefügt, unter dem Saalgeschoss finden sich nochmals bis zu drei Geschosse. So kann man beispielsweise auf der Nordseite im «ersten» Stock logieren, der sich in Wirklichkeit sechs Etagen über dem gewachsenen Boden befindet.

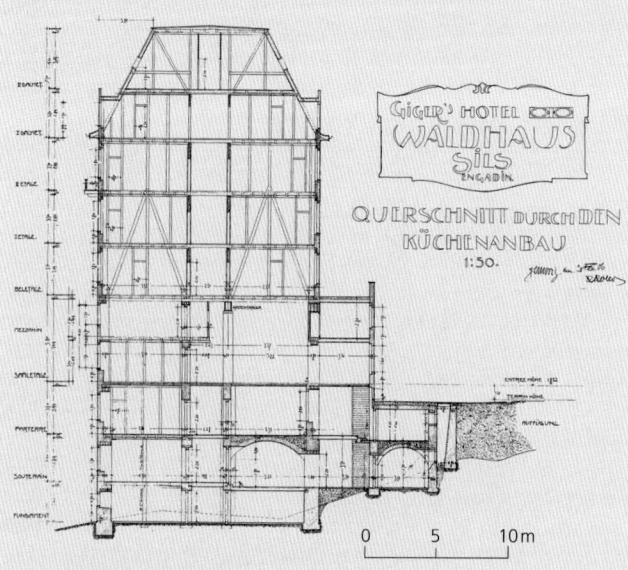

Baueingabeplan von Architekt Karl Koller, datiert am 20. Feb. 1906.

Die Stockwerke heissen im Waldhaus:
  Dachgeschoss (nur in den Türmen vorhanden, hier nicht sichtbar)
  4. Stock (nachträglich zur Gästeetage umgebaut)
  3. Stock
  2. Stock
  1. Stock
  Beletage
  Mezzanin (über Küche und Sälen nicht vorhanden)
  Saaletage (mit Vorfahrt und Haupteingang)
  Parterre
  Tiefparterre
  Keller (mit Warenanlieferung)

Hoteleingang von 1908 mit langer Zugangstreppe. Foto 1925 oder 1926.

Das Treppenhaus als räumlicher Höhepunkt

Im Entwurf von Koller erhielt der **Hoteleingang** eine äusserst repräsentative Gestaltung. Eine lange Treppe führte von der Strasse über die Vorfahrt zur Tür. Wer im Waldhaus ankommen wollte, musste einige körperliche Anstrengungen auf sich nehmen! Nach einem ersten Umbau für den Winterbetrieb 1924 wurde der Eingang 1967 neu gestaltet. 2003 erhielt er seine heutige Form mit einer leichten, beinahe schwebenden Faltkonstruktion als Vordach (Architekten Quintus Miller & Paola Maranta, Ingenieur Jürg Conzett).

Der 2003 von den Architekten Miller & Maranta neu gestaltete Eingang und das «schwebende» Vordach von Ingenieur Jürg Conzett.

Im Innern bildet der **Vorplatz** unter der monumentalen Treppenanlage die Drehscheibe zwischen Réception, Direktionsbüro, Kasse und Hotelhalle. Das anschliessende **Haupttreppenhaus** vom Saalgeschoss bis in die dritte Etage, mit weissen Marmortritten und diagonal verlegten schwarz-weissen Marmorplatten auf den Podesten, bildet zusammen mit dem an Ketten aufgehängten Jugendstil-Leuchter den räumlichen Höhepunkt im Waldhaus (s. Abb. Umschlagklappe aussen). Die Anlage gehört zu den wertvollsten Treppenensembles der Belle Époque in Schweizer Hotels. Der vom Treppenhaus leicht abgerückte Gästelift macht deutlich, dass Liftanlagen damals noch nicht im Mittelpunkt stehen mussten. Ein zweites, zentral im Grundriss gelegenes Treppenhaus mit Lift im Treppenauge dient den Mitarbeitenden.

Ankunft der ersten Wintergäste 1924 vor dem wintertauglich umgebauten Hoteleingang.

Etagenkorridor nach der Renovation 2005 (Architekten Miller & Maranta).

Die **Gänge auf den Etagen** bestechen durch eine schlichte, beinahe geheimnisvolle Einfachheit. Die Hauptkorridore sind weitgehend im Zustand von 1908 erhalten, im Frühling 2005 konnten sie originalgetreu renoviert und, wo notwendig, wieder in Stand gestellt werden. Die Bodenplatten wurden nach Originalvorlagen ersetzt, die Beleuchtung von 1908 sanft erneuert und störende, in das Korridorprofil ragende Sanitärräume wieder entfernt. Seit Jahren gepflegt werden die maserierten Holztüren zu den Gästezimmern mit ihren geätzten Glasnummern und die markanten Tableaus der ursprünglichen «Sonnerie» (s. Abb. S. 35). Auf diese Weise wurde ein einheitliches Ensemble erhalten, das in seiner Originalität für Fünfsternhäuser Seltenheitswert besitzt.

Das Intérieur: Empire und Biedermeier, englisch und modern

Während das Waldhaus nach Aussen als imposante Burg auftritt, blieb die innere Gestaltung deutlich bescheidener. Hotelier Giger hatte beim Architekten Koller «etwas Schönes, Praktisches & Solides» bestellt. Deshalb erhielt der Bau auch nicht den Prunk eines Palastes, sondern die zurückhaltende Eleganz eines gepflegten und luxuriösen Privathauses. Einige üppige Täfer und Türeinfassungen erinnern an Interieurs, wie sie Koller aus den Häusern wohlhabender Engadiner Familien kannte. Kunstvolle Schreinerarbeiten und Stuckaturen bilden, zusammen mit Tapeten und währschaften Möbelstücken, ein harmonisches Ensemble von grosser Zurückhaltung.

Gemäss Inventar war die Halle bei der Eröffnung mit «Chesterfield-Canapés, amerikanische Fauteuils und Stühle Louis XVI mit Rohr» ausgestattet, und in den Privatsalons fand man, wiederum gemäss Angaben von Koller, die Stile «Adam, Empire, Louis XVI, Biedermeier, englisch und modern.» Bei der «Firma Hch. Lip's Wwe.» in Zürich hatte Giger 205 «Herrschaftsbetten» bestellt sowie 12 eiserne Kinderbetten und 160 Personal- und Kurierbetten. Zum Anfangsinventar gehörten auch 566 Tische und 1129 Stühle aller Art, 129 Fauteuils, 24 Sofas, 111 Chaiselongues sowie 218 Stück Garten- und Terrassenmobiliar. Dazu kamen noch drei Klaviere (u. a. ein Bechstein-Piano für knapp 1'600 Franken) und ein Steinway-Flügel. Die echten persischen Teppiche «aus Sultanabad, Kurdistan, Afghanistan, aus dem Kaukasus, Belutschistan und von den Ufern des Kaspischen Meeres» lieferte die Stuttgarter Firma Carl Hopf. Trotz 40 Badezimmern wurden noch 291 Nachttöpfe angeschafft; ein ausgestopfter Steinadler dekorierte den Lesesalon.

Zur ursprünglichen Einrichtung gehört auch das mechanische Klavier Welte-Mignon, das 1910 bei der Firma M. Welte Söhne in Freiburg i. Br. für 2100 Reichsmark bestellt wurde. Das technische Wunderwerk in «Mahagoniholz mit Empire-Bronce-Auflagen, in einfacher Ausführung, aber tadellos fein ciselierter Bronce» steht seitdem im

Das 1910 für 2100 Reichsmark erworbene Welte-Mignon-Klavier wurde nach langem Dornröschenschlaf 1983 vom Waldhaus-Techniker Guido Schmidt wieder zum Leben erweckt. Blick ins Innenleben.

Musiksalon. Gespielt wird es mit gestanzten Papierrollen, von denen heute im Waldhaus noch etwa hundert vorhanden sind. Die in den 30er-Jahren verstummte komplizierte Mechanik wurde nach einem längeren Dornröschenschlaf 1983 vom Waldhaus-Techniker Guido Schmidt wieder zum Leben erweckt.

«Wohnzimmer» und Salons in der Saaletage

Hotelhalle mit dem 1960 von Architekt Alberto Camenzind montierten 165-armigen Leuchter (1991 entfernt).

Die **Hotelhalle** mit dem absidenartigen Halbrund in der direkten Achse des Haupteingangs bildet den Mittelpunkt der Saaletage mit ihren Gemeinschaftsräumen. Das Motiv des in die Landschaft ausgreifenden Fassadenbogens in der Achse des Haupteingangs hatte Koller beim 1898 eröffneten *Schweizerhof* in St. Moritz kennen gelernt, mit dessen Bauausführung er im Namen der Zürcher Architekten Chiodera & Tschudy seinerzeit beauftragt war. Die originale Erscheinung der rustikal-dunklen, beinahe etwas düsteren Halle blieb bis 1960 erhalten. In diesem Jahr ersetzte Architekt Alberto Camenzind (1914–2004) die «Balkendecke» aus Stuck durch eine zeitgenössische Akustikdecke mit Neonbeleuchtung und hängte einen 165-armigen Leuchter zwischen die Säulen aus Stuckmarmor. 1991 erhielt die Halle ihr heutiges Gesicht und mit der Verlängerung des Halbrunds um 5,5 Meter auch ihre aktuellen Dimensionen. Architekt Peter A. Casada (1941–2003) entwarf die neue Decke mit zwei Lichtfeldern und nachgebauten Jugendstil-Leuchtern. 2003 erhielt die

Die rustikal-dunkel wirkende Hotelhalle kurz nach der Eröffnung. Folgende Seite: Zustand um 2000.

21

Verbindung zur Eingangshalle einen neuen transparenten Abschluss (Architekten Miller & Maranta). Auch nach diesen Veränderungen bleibt der originale Eindruck des Raumes und seine ursprüngliche Funktion als «Wohnzimmer» weitgehend erhalten: Parkett und Perserteppiche, die bewusst heterogene Möblierung mit Einbezug von originalen Sesseln, die kassettierten Wandtäfer, die markanten hölzernen Türeinfassungen, die beiden mit rötlichem Marmor eingefassten Cheminées sowie die zwei Säulen aus Stuckmarmor gehören ebenso zur wertvollen Originalausstattung wie die Klänge des hauseigenen Orchesters.

Die Hotelhalle um 2000.

Auf der Nordseite schliesst der **Musiksalon** *(Empire-Salon)* an die Halle, mit seiner baldachinartigen Decke die eleganteste Raumschöpfung und heute einer der ursprünglichsten Salons im Waldhaus. Glastüren nach allen Seiten machen ihn zu einem transparenten Raum. Die vom Jugendstil beeinflussten, leichten Empireformen setzen gekonnte Akzente bei Wandbespannungen und Mobiliar. Parkett und Mahagonitäfer mit Eck-Spiegeln, Türeinfassungen und umlaufende Gesimse mit reliefierten Stuckaturen gehören ebenso zur Originalausstattung wie das Mobiliar, das Welte-Mignon-Klavier und die Uhr über der Tür. Auch die Decke mit den vier Kristall-Leuch-

S. 23 unten: So hätte Karl Kollers Musiksalon bei Karl Mackensens ausgesehen. (Ansicht entspricht der Wand mit der Uhr in der Aufnahme oben rechts).

Karl Kollers Musiksalon im Empirestil in einer Aufnahme aus dem Eröffnungsjahr. tern sowie die Jugendstil-Doppelleuchten an den Wänden stammen aus der Eröffnungszeit. Faszinierend erscheint der Kontrast zu dem nicht ausgeführten Gegenentwurf von 1907 des Petersburger Jugendstil-Architekten Karl Mackensen für den gleichen Raum.

Auf der Südseite der Halle findet sich der ursprüngliche **Lesesalon** mit Bibliothek (heute Bar), dessen Originalbestand ebenfalls noch weitgehend erhalten ist. Allerdings fehlen ihm seit dem Anbau der Arvenstube die drei grossen Fenster auf der Bergseite. Von virtuosen handwerklichen und gestalterischen Qualitäten zeugen die reliefierten Wandverkleidungen sowie das Renaissance-Portal zum Korridor mit zwei ionischen Säulen aus massivem Nussbaumholz. Den Türsturz über dem Durchgang zur Halle ziert eine Lithografie von Ferdinand Hodler (1853–1918), sein «Rückzug von Marignano». Zwei Landschaftsbilder von Carl Felber (1880–1932) kamen in den 1920er-Jahren hinzu; an der Westwand setzt eine Komposition von A. T. Schaefer (*1944) mit dem fotografierten Himmel über Orten, die in Nietzsches Leben eine Rolle spielten, einen zeitgenössischen Akzent. Die Originaldecke aus Gips imitiert, ähnlich wie früher in der Hotelhalle, eine Balkendecke.

Mit neuer Bestuhlung und dem Einbau der kleinen Bartheke aus dem Bereich des heutigen «Sunny Corner» wurde der multifunktionale Raum 1929 zur Hotelbar. Bibliothek und Lesetische kamen damals in einen gleichzeitig mit der Arvenstube neu erstellten Lesesalon am Ende des Korridors. 1999/2000 verwirklichten die Architekten Miller & Maranta ein anspruchsvolles bauliches Puzzle, das dem Raum heute eine neue Eleganz verleiht: Als neue Elemente kamen die heutige Bartheke und Beleuchtung (entworfen durch Ernst Mitterndorfer, Innsbruck) hinzu. Zudem wurden das Cheminée neu platziert, die Fenster in den Ursprungszustand zurückversetzt, ein neues Würfelparkett nach Originalvorlage eingebaut und die Wandfarbe über dem Täfer vom ursprünglichen Grün zu einem Karminrot verändert.

Die **Arvenstube** neben der Bar, die seit den 1960er-Jahren als Restaurant genutzt wird, war von Architekt Koller 1928 für die SAFFA (1. Schweizerische Ausstellung für Frauenarbeit) in Bern entworfen worden. Nach Abschluss der Ausstellung kam der Raum ins Waldhaus, in einen neuen Anbau auf der Südseite. Während das Mobiliar aus der Einbauzeit stammt, wurden die Bilder von Gottardo Segantini (1882–1974; Sohn von Giovanni Segantini) später hinzugefügt. Der gleiche Anbau beherbergte auch einen neuen Lesesalon mit den Möbeln aus dem alten. 1999/2000 wurde dieser Anbau durch die Architekten Miller & Maranta auf die ganze Breite der Südfassade erweitert.

Lesesalon mit Bibliothek (heute Bar) kurz nach der Eröffnung, Blick nach Süden (Bergseite).

Die heutige Bar nach dem Umbau 1999/2000. Blick durch die Fenster mit den wieder hergestellten Oblichtern auf der Ostseite.

Die 1929 eingebaute Arvenstube aus einem Hotelprospekt der 1940er-Jahre.

Giger's
Hotel Waidhaus
Sils-Maria
Lesesaal

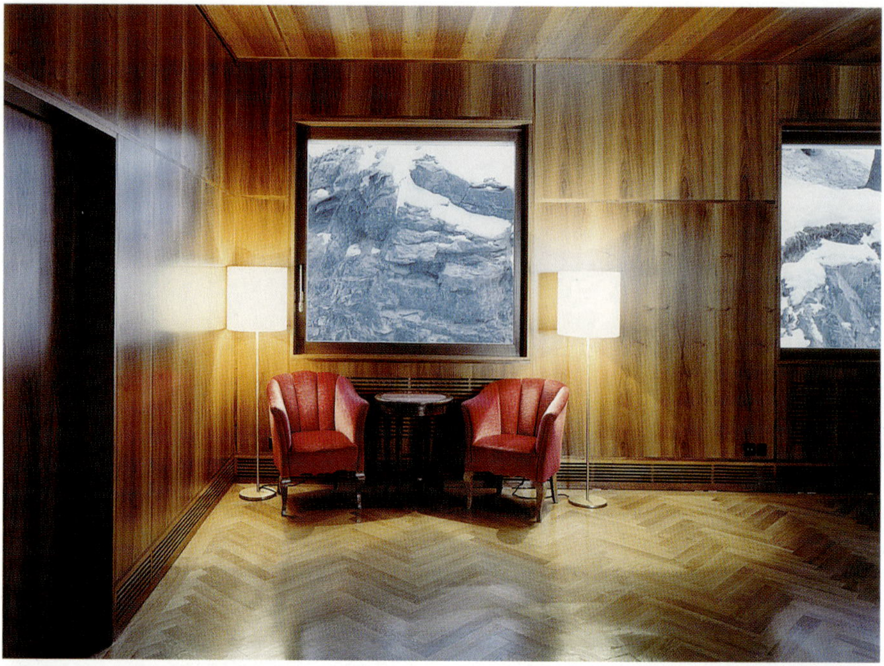

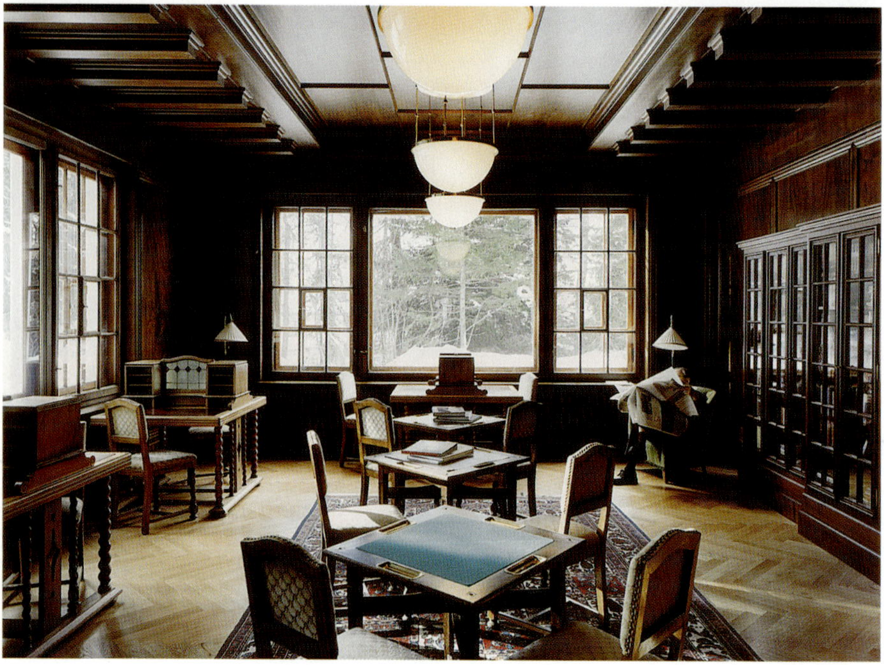

Links oben: Neues Foyer von 2000 mit «Felsen-Blick».

Links unten: Der im Jahr 2000 neu aufgebaute Lesesalon von 1929 mit dem Mobiliar von 1908.

Wo sich bis 1999 der Lesesalon befand, entstand als Abschluss des Korridors ein neues **Foyer** mit zwei Fenstern als Ausblick auf die nahen Felsen. Daran anschliessend wurde der **Lesesalon** mit dem gestemmten Nussbaumtäfer von 1929 und den Lesepulten von 1908 wieder aufgebaut.

Der grosse **Speisesaal** und der anschliessende **Hochzeitssaal** (ursprünglich *Restaurant* genannt und für Hotelgäste vorgesehen, die individuell essen wollten) liegen auf der Nordostseite des Gebäudes, anschliessend an die Küche. Der rechteckige *Speisesaal* mit vier mächtigen Stützen und vorgelagerter Veranda wurde im Jahre 1978 vergrössert durch eine von Architekt Ferdinand Pfammatter (1916 bis 2003) neu gestaltete Veranda. 1959 hob man die ursprüngliche Zugangsachse vom Korridor auf, seither wird der Saal durch den Musik-

Speisesaal im heutigen Zustand mit den originalen Jugendstil-Leuchtern.

Originale Jugendstil-Leuchter und Bild von Clara Porges im Speisesaal. Foto 1997.

salon betreten. Der ungleichmässig dreischiffige *Hochzeitssaal* mit Runderker (heute auch als Speisesaal verwendet) erhielt 1981 durch den Einbau von zwei Mauerbogen eine neue Erscheinung. Beide Säle waren 1908 auffallend hell gehalten und bildeten einen markanten Kontrast zu den dunklen Räumen von Hotelhalle und Bar. In den Stuckdecken ist die ursprüngliche Lüftungsanlage (mit Gittern, teilweise mit Lyra-Motiven) integriert. Mit Ausnahme der neuen Speisesaal-Veranda und der Rundbogen im Hochzeitssaal sind auch diese beiden Räume mit ihren kargen Zierformen noch weitgehend im Originalzustand erhalten; 1978/1981 wurden allerdings die ursprünglich hellen Täfer und Türeinfassungen braun übermalt. Zwei grosse und drei kleine Deckenleuchten sowie vier Doppel-Wandlampen in Jugendstilformen sind im grossen Speisesaal als Original erhalten, fünf kleine Deckenleuchten wurden nachgebaut. An der Rückwand hängen zwei grossformatige Landschaftsbilder aus den 1920er-Jahren von Clara Porges (1879–1963). Im Hochzeitssaal finden sich Leuchten von Alberto Camenzind aus dem Jahre 1959 sowie die Originalstühle von 1908.

Die Veranda beim Speisesaal vor der Umgestaltung 1978, mit Parkettboden und Jugendstil-Leuchtern.

Drei seit 1908 für private Salonzimmer zur Verfügung stehende Möblierungen im Empire- und Biedermeierstil. Fotos von 1908.

Die Hotelzimmer: «gute Raumkunst» gestern und heute

Bei der Eröffnung wurden die wertvolleren Gästezimmer auf der Nord- und der Ostseite angeordnet. Die weniger reich ausgestatteten und meist kleineren Zimmer hingegen waren der West- und der Südseite, mit der Nachmittagssonne und dem heute hoch geschätzten Blick über den Silsersee, zugeordnet. Josef Giger ging offenbar davon aus, dass die vornehme Hotelgesellschaft seiner Zeit noch den Schatten oder die Morgensonne bevorzuge.

Bereits 1908 war das Haus mit unterschiedlich grossen Zimmern so eingeteilt, dass unter Benützung von Verbindungstüren zahlreiche «Appartements» mit drei oder vier Räumen und einem «Salon» zusammengestellt werden konnten. Viele Räume liessen sich wahlweise als Wohn- oder als Schlafraum ausstatten. Diese flexible Kombinationsmöglichkeit wird von der Eigentümerschaft bis heute erhalten und gepflegt.

Für die fallweise Einrichtung von privaten Salonzimmern hatte man 1908 sechs besonders reiche Möblierungen im Empire- und Bieder-

Oben: Grosses Doppelzimmer mit Originalmöblierung, 1995 restauriert von Miller & Maranta. 1908 waren ausser den Privatsalons alle Gästezimmer so möbliert (heute wieder rund 20).

Unten: 2004 von Armando Ruinelli neu gestaltetes Zimmer.

Andere Zimmer bieten ein breites Spektrum von Einrichtungen aus den letzten drei Jahrzehnten.

meierstil zur Verfügung. Bei den restlichen der insgesamt 150 Gästezimmer standen «kunsthandwerkliche Komposition, gute Raumkunst und schöner Zusammenhang zwischen Gebrauchszweck und Zweckerfüllung» im Vordergrund. Bettgestelle, Schränke und Kommoden waren aus massivem Eichenholz und mit Nussbaumholz furniert. Ab 1972 wurden die originalen Möbel sukzessive entfernt, doch bereits in den 1990er-Jahren setzte eine Rückbesinnung auf die historischen Werte ein. Heute stehen im Waldhaus, nebst neu gestalteten Räumen aus der Zeit zwischen 1970 und 2005, wieder 22 restaurierte und mit historischem Mobiliar ausgestattete Gästezimmer zur Verfügung – eine in dieser Vielfalt einzigartige Zimmerauswahl. Viele Gäste erkennen den Charme der historischen Zimmer erst auf den zweiten Blick, wenn sie sich daran gewöhnt haben, dass zu einem Fünfsternhaus auch echte Originalität gehört.

Nach einem Jahrhundert Unterhalt, Umbau und Komfortverbesserung hat sich die Zimmerzahl kaum verändert (auch deren Numerierung nicht!), schon aus statischen Gründen sind Veränderungen auch kaum möglich. Einige kleinere Zimmer wurden zu grösseren

Juniorsuite – allein oder als Teil einer grossen Nostalgiesuite verwendbar – mit historischem «Salon»-Mobiliar von 1908 und restauriertem Original-Badezimmer (s. Abb. S. 34).

Einheiten zusammengefasst oder für den Einbau von Badezimmern verwendet. Neue Zimmer entstanden vor allem in der vierten Etage, wo bei der Eröffnung noch vorwiegend Bedienstete und das Hotelpersonal wohnten. Nach dem Brand von 1927 (s. S. 44) begann dort ein kontinuierlicher Ausbau für die Hotelgäste, der aber erst 1997 zum Abschluss kam. Heute ist der Nordostturm mit den Zinnen noch ganz den Mitarbeitenden vorbehalten.

Eine Hotelburg mit Metalleinlagen

Das Hotel Waldhaus entstand als Mischung aus traditioneller und neuzeitlicher Bauweise. Die tragenden Wände liess Architekt Koller in herkömmlicher Art, als Fachwerk und als Mauerwerk mit Natursteinen aus einem nahen Steinbruch errichten. Eisenbeton hatte zwar um 1900 bei städtischen Grossprojekten erstmals Verwendung gefunden und wurde von Koller beim *Park Hotel* in Vitznau 1901 bis 1903 bereits eingesetzt. In Sils wagte man sich aber noch nicht an diese moderne Bauweise, weil die spezialisierten Unternehmer in der Region fehlten und die Transportlogistik zu kompliziert geworden wäre. Fortschrittliche Konstruktionen verwendete Koller dagegen, um bei den Hotelzimmern in der Beletage die grossen Spannweiten von mehr als acht Metern über den Sälen zu überbrücken. Die auf der Saaldecke aufliegenden Zimmerwände wurden mit eingemauerten Fachwerken, vergleichbar mit eisernen Brückentragwerken, auf die Tragwände in Längsrichtung abgestützt. Die Firma A. G. Bosshard aus Näfels lieferte dazu gemäss Vertrag «Sprengwerke und Unterzüge im Gewichte von ca. 95,5 t, die Tonne zu Fr. 412.50, franco Bahnstation St. Moritz».

Elektrizität und Dampfheizung, Privatbäder und Lifthydraulik

Das Waldhaus erhielt für viel Geld eine Reihe moderner technischer Einrichtungen, von denen einige kurze Zeit zuvor noch undenkbar gewesen wären, ein weiterer Beweis für die umsichtige Planung von Hotelier Giger. Sehr rasch gehörte vieles davon allerdings bereits zum unabdingbaren Standard für Hotels der gehobenen Klasse.

Im Silser *Hotel Edelweiss* gab es bereits 1901 **elektrisches Licht**, wie es Giger auch aus seiner Tätigkeit im *Hotel du Lac* in St. Moritz kannte. Deshalb nahm er die bedeutenden finanziellen Investitionen für die mehr als 1300 elektrischen Glühlampen im Waldhaus auf sich. Aus Gründen der Versorgungssicherheit erstellte er aber, gemeinsam mit dem zuvor eröffneten *Hotel Barblan*, am östlichen Dorfausgang ein eigenes Kleinkraftwerk. Doch bereits nach kurzer Zeit stellte der Hotelier enttäuscht fest, dass die selber produzierte Kilowattstunde etwa einen Franken kostete. Nach wenigen Jahren verkaufte er deshalb die Anlage an das Kraftwerk Madulain und bezog den Strom aus dem öffentlichen Netz.

Die **Zentralheizung**, die schon beinahe das ganze Waldhaus erwärmte, stammte von der Firma Gebr. Sulzer aus Winterthur, zu dieser Zeit der bedeutendste Heizungslieferant in der Schweiz. Im Waldhaus wurde, wie damals weit verbreitet, eine **Anlage mit Warmwasser** installiert, ergänzt mit einer Niederdruck-Dampfanlage für die Gemeinschaftsräume und besonders exponierte Gästezimmer. In den Speisesälen war sogar eine **Lüftung** vorhanden, mit Luftschlitzen bei den Radiatoren für die Frischluft und Abluftöffnungen in der Decke.

Das **fliessende Wasser** wurde ursprünglich vom Leitungsnetz in einen Wassertank im nordostseitigen Turm geführt und von dort im ganzen Haus verteilt. 1927 verlegte man den Wassertank in den neuen Südturm, seit 1992 ist das Haus direkt ans Wassernetz angeschlossen. Zum Einbau der grossen Zahl von **40 Privatbädern mit WC** durch die Firma Lowe & Serin aus Brüssel, mit Filiale in

Heute besitzt das Waldhaus noch drei historische Badezimmer mit Apparaten und Armaturen aus der Eröffnungszeit. Foto 2000.

St. Moritz, hatte u.a. Oscar Hauser vom *Hotel Schweizerhof* in Luzern auf eine entsprechende Anfrage hin geraten. Damit zählte das Waldhaus zu den fortschrittlichen Betrieben in der Schweiz, denn bis zum Ersten Weltkrieg gehörte das Privatbad, das sich in den amerikanischen Grosshotels bereits um 1860 verbreitet hatte, in den Schweizer Luxushotels noch zu den Ausnahmen. Um 1900 begnügten sich die meisten Betriebe noch mit einem oder zwei Etagenbädern. Der Weg zur Ausrüstung aller Zimmer mit eigenen Baderäumen war, wie in der Mehrzahl der Schweizer Hotels, auch im Waldhaus lang und dauerte fast achtzig Jahre. In einer ersten Etappe wurden in den 1920er-Jahren 16 neue Bäder eingebaut, ab 1962 kamen nochmals 14 hinzu und in den 1970er-Jahren verdoppelte sich ihre Zahl. Heute besitzt das Haus noch drei historische Badezimmer mit Apparaten und Armaturen aus der Eröffnungszeit.

Zur technischen Ausrüstung von 1908 gehörte auch die **elektrische Klingelanlage** mit den entsprechenden Tableaus in den Gängen, mit deren Hilfe die Gäste das Bedienungspersonal ins Zimmer rufen konnten. Die zentral gesteuerte **Uhrenanlage «Magneta»** mit einer Mutteruhr vor dem Direktionsbüro und (ursprünglich 16) Tochteruhren sorgte für genaue Zeitangaben im ganzen Haus; sie ist dank Haustechniker Guido Schmidt noch heute in Betrieb. Die **«Entstaubungsanlage»** der Firma Bally, Oelhafen & Co. aus Oerlikon wurde hingegen nach dem Zweiten Weltkrieg aufgegeben. Sie hatte mit Hilfe eines im Keller erzeugten Vakuums und einem eingemauerten Röhrensystem das Absaugen von Schmutz im ganzen Haus erlaubt! Seit der Eröffnung verfügt das Waldhaus ebenfalls über einen **Telefonanschluss**. Eine hausinterne Zentrale ermöglichte bereits 1908 eine direkte Verbindung zwischen den einzelnen Zimmern.

Zur Eröffnung erhielt das Waldhaus zwei **Liftanlagen** der Firma Stigler in Mailand. Der Service-Aufzug bei der Personaltreppe war elektrisch angetrieben, der Personenlift hingegen hydraulisch, obwohl dieses System zu jener Zeit nicht mehr als zeitgemäss galt. Die Hydraulik produzierte bei jeder Talfahrt eine Wasserfontäne in einem Springbrunnen vor dem Speisesaal. Mit finanzieller Hilfe einer französischen Familie, die oberhalb des Hotels ein grosses Ferienhaus besass und sich durch dieses Spektakel gestört fühlte, wurde die Anlage bereits 1923 durch einen elektrischen Lift ersetzt. Der originale Service-Aufzug blieb hingegen bis 1976 in Betrieb.

Klingelanlage von 1908 im Etagenkorridor. Foto 1997.

Der Hotelbau 1905–1908

Das Waldhaus entstand als Resultat einer intensiven Diskussion zwischen Hotelier Josef Giger, seiner Ehefrau Amalie und dem Architekten Karl Koller. Nach etlichen Jahren als Direktor von grossen Luxushotels mit fremden Eigentümern erachtete der 58-jährige Giger sein neues Hotel gewissermassen als Lebensziel. Für den Standort auf dem bewaldeten Hügel über Sils-Maria hatte er sich entschieden, nachdem er drei Bauplätze in die nähere Auswahl gezogen hatte: neben Sils auch das Suvretta-Gebiet und den Berghang oberhalb von Silvaplana.

Hotelier Josef Giger-Nigg (1847–1921)
Der aus Murg am Walensee stammende Josef Giger wurde im Zeitalter der fast grenzenlosen Expansion im schweizerischen Fremdenverkehr der 1860er-Jahren bereits mit 24 Jahren Direktor des *Hotel Hof Ragaz* in Bad Ragaz und blieb es 18 Jahre lang. Das *Grandhotel Quellenhof* nebenan leitete damals Josef Kienberger, dessen Sohn Oskar später Gigers Tochter Helen heiratete. 1889 kamen Josef Giger und seine Gattin Amalie Nigg (Schwester und Schwägerin von Marie und Anton Bon-Nigg, den späteren Erbauern des *Park Hotel* in Vitznau und des *Suvretta House* in St. Moritz) nach St. Moritz Bad, wo sie die Direktion des *Hotel du Lac* übernahmen – ein grosses, elegantes Haus mit über 400 Betten, von dem heute kein Stein mehr steht. Im Winter, wenn der Betrieb im *Du Lac* eingestellt war, engagierte sich Giger beispielsweise in Taormina und Sestri Levante in Italien sowie im *Hotel Europe* in St. Petersburg. 1906 eröffnete er auf Drängen seiner Schwester Verena Huber das *Hotel Bristol* in Bad Ragaz, das aber wenig Erfolg hatte. Sein Metier als Hotelier beherrschte Giger durch und durch, und dieses wiederum beherrschte sein Leben. Er verlangte von allen Mitarbeitenden, wie von sich selbst, einen bedingungslosen Einsatz; Fehler konnte er kaum verzeihen. Dieser Drang nach Perfektion und sein Feu sacré waren es wohl, die ihn dazu trieben, im Alter von 58 Jahren die Mühen eines Hotelbaus noch einmal auf sich zu nehmen, obwohl ihn eine Augenkrankheit zum Lesen mit der Lupe zwang und seine Frau krankheitshalber an den Rollstuhl gefesselt war. Vorher hatte er sich ein Leben lang mit Hotels abfinden müssen, die aus seiner Sicht mit Mängeln behaftet waren, nun konnte er nochmals sein ideales Hotel erstellen! In einem Brief schrieb er 1904 zudem, dass das neue Hotel seine «Kinder ernähren soll», was dann allerdings erst bei seinen Enkeln und Urenkeln so richtig gelang.
Urs Kienberger

Gigers gründliche Gedanken über den Grundriss und die Anordnung des Hauses, über die Besonnung der Zimmer und über unzählige weitere Aspekte des neu entstehenden Hotels schlagen sich in einer ausführlichen Korrespondenz mit dem Architekten und weiteren

Amalie und Josef Giger mit ihrer Tochter Helen Kienberger-Giger und Enkelin «Helenchen» im Jahr 1913.

Persönlichkeiten aus der Schweizer Hotellerie nieder. Wichtig war für ihn, dass sein Hotel noch «in 20 bis 30 Jahren den damaligen Ansprüchen genügen» konnte. Seine Ambitionen waren allerdings weitaus grösser als sein Privatvermögen. Nicht zuletzt wegen der Fehlinvestition kurz vorher beim *Hotel Bristol* in Bad Ragaz war er «gezwungen, jede Auslage wohl zu überlegen». Mitbeteiligt am Waldhaus waren Gigers Schwiegersohn Josef Wolflisberg und in kleinerem Masse auch Anton Bon sowie mit privaten Krediten u. a. die Brüder Josef und Oskar Kienberger (s. S. 42). Um «Herr im Haus» zu bleiben, verzichtete er auf jede finanzielle Beteiligung von familienfremden Personen.

Im Spätsommer 1905 wurden die Bauarbeiten, mit dem Architekten Johann Ulrich von Salis aus Malans als Bauleiter, in Angriff genommen. Aus den Schriften und Plänen im Hotelarchiv wird ersichtlich, wie viel improvisiert und erst auf der Baustelle definitiv festgelegt wurde. Giger kümmerte sich selber um viele Details und entwickelte seine Ideen auch auf der Baustelle ständig weiter. Im Laufe der Bauzeit entstand deshalb aus dem zuerst herzlichen Verhältnis zwischen dem Bauherrn und dem Architekten ein gespannter Dialog. Zudem war Koller wenig erfreut, als Gigers Schwiegersohn Josef Wolflisberg im Winter 1907 beim Architekten Karl Mackensen, der Wolflisbergs *Hotel Europe* in St. Petersburg umgebaut hatte, ein Gegenprojekt für die Gemeinschaftsräume im prunkvollen Jugendstil entwerfen liess. Die Pläne kamen schliesslich unbenutzt ins Waldhausarchiv (s. Abb. S. 23 unten).

Architekt Karl Koller (1873–1946)

Karl Koller wuchs im schon damals berühmten Badeort Ragaz auf, wo Josef Giger bis 1889 als Hoteldirektor tätig war. Nach dem frühen Tod seines Vaters musste er seine Architektenausbildung am Technikum Winterthur vorzeitig abbrechen. Während 10 Jahren arbeitete er bei Chiodera & Tschudy in Zürich, für die er die Bauführung der Bäder von Bormio im Veltlin und beim *Hotel Schweizerhof* in St. Moritz (1898 eröffnet) leitete. Dadurch kam er ins Engadin, wo er sich schliesslich niederliess und 1904 Clara Marbach (1882–1952), Tochter des Berner Baumeisters Friedrich Marbach, heiratete. Nach seinem ersten eigenen Bau im Engadin, dem *Hotel Schweizerhof* in Vulpera (1900) für den dortigen Hotelkönig Duri Pinösch (1845–1923), avancierte Koller zum einflussreichsten Hotelarchitekten im Engadin. Seine bedeutendsten Hotels folgten Schlag auf Schlag: 1903 das *Park Hotel* in Vitznau für Anton Bon, 1905 das *Grand Hotel* in St. Moritz, hinter dem einige der einflussreichsten Männer im Oberengadin standen, darunter der Bankier Johann Töndury und der Hotelier Lorenz Gredig, 1906 das *Hotel Bristol* in Bad Ragaz für Josef Giger, 1908 gleichzeitig das Waldhaus in Sils, das *Schlosshotel* in Pontresina sowie das *Neue Posthotel* in St. Moritz, 1912 das *Suvretta House* bei St. Moritz und das *Kurhaus Val Sinestra* im Unterengadin und schliesslich 1913 das *Hotel Rosatsch* in St. Moritz.

Verlobungsfoto des jungen Architekten Karl Koller mit Clara Marbach aus Bern 1903.

Mit dem *Grand Hotel* von St. Moritz hatte Koller 1905 bereits sein grösstes Werk erstellt, das aber wegen seiner monumentalen Erscheinung in der Öffentlichkeit ein zwiespältiges Echo hervorrief und vor allem von der damals jungen Heimatschutzbewegung heftig kritisiert wurde. Das *Suvretta House* von 1912, bei dem Koller die Integration der Architektur in die Landschaft am weitesten verwirklichte, fand dagegen allgemeine Anerkennung.

Der Ausbruch des Ersten Weltkriegs setzte seiner Hotelbautätigkeit in der Schweiz ein abruptes Ende. In ganz Europa konnte Koller dagegen noch als Hotelexperte wirken: So entstand beispielsweise 1925 unter seiner Leitung das *Hotel Columbia* in Genua. Parallel zu seiner Tätigkeit im Hotelbau erhielt er im Engadin auch Aufträge für Spitalbauten in Scuol (1908) und Samedan (1910). Daneben widmete er sich bis in sein Alter mit grossem Erfolg dem Bau von Privathäusern. Die 1930 eröffnete katholische Kirche von Sils war ebenfalls sein Werk.

Grand Hotel in St. Moritz (1905), Kollers grösster Hotelbau.

Koller war ein arbeitsamer Schaffer, der kaum etwas dem Zufall überliess. In seinem umfangreichen Archiv lässt sich die Präzision erkennen, mit der seine Werke entstanden. Seine grosse Anerkennung im Hotelbau erarbeitete er sich mit sorgfältigen Analysen. So besuchte er das *Palace Hôtel* in Caux des Westschweizer Architekten Eugène Jost im Frühling 1902, kurz vor dessen Eröffnung, und später unternahm er zusammen mit Hotelier Anton Bon zum Studium der Lebensgewohnheiten in der englischen Oberschicht eine ausgedehnte Reise dorthin. Obwohl vielen seiner Hotelbauten ein burghaftes Aussehen gemeinsam ist, offenbaren sie doch eine intensive Auseinandersetzung mit den jeweiligen örtlichen Gegebenheiten und vor allem den Wünschen seiner Auftraggeber.

Hotels von Architekt Karl Koller (von oben links nach unten rechts): Schweizerhof in Vulpera (1900), Kollers erster Hotelbau im Engadin; Park Hotel in Vitznau (1903) für Anton Bon; Bristol in Bad Ragaz (1906) für Josef Giger sowie Suvretta House in St. Moritz (1912) für die Familie Bon.

Knapp drei Jahre nach Baubeginn, am 15. Juni 1908, konnte das neue Hotel eröffnet werden. Der auf 1,6 Millionen veranschlagte Bau kam schliesslich, mit Bauland und Mobiliar, auf beinahe 2,2 Millionen zu stehen. Dazu kamen gut 100 000 Franken für das Elektrizitätswerk. Im Januar 1910 stellte Josef Giger in einem Brief ernüchtert fest: «Ich würde nicht mehr bauen.»

Nach der Eröffnung mussten einige Unternehmer Kritik von Giger einstecken und Nachbesserungen vornehmen. So wechselte die Sanitärfirma zwei Jahre nach Fertigstellung des Hauses sechzehn der vierzig Badewannen aus, weil der Hoteldirektor von deren Qualität nicht überzeugt war. In einem geharnischten Brief an Koller erwähnte Giger wenige Wochen nach der Eröffnung «zahlreiche Fehler», so etwa das fehlende Haupttreppenhaus in die oberste Etage oder die zu kleine Wäscherei und die schlecht belichteten Kurierzimmer. Giger konnte aber durch seine Familie von weiteren juristischen Schritten abgehalten werden. In den drei folgenden Jahrzehnten durfte Koller trotzdem alle Um- und Ausbauten im Waldhaus leiten; das Vertrauensverhältnis konnte also offensichtlich wiederhergestellt werden.

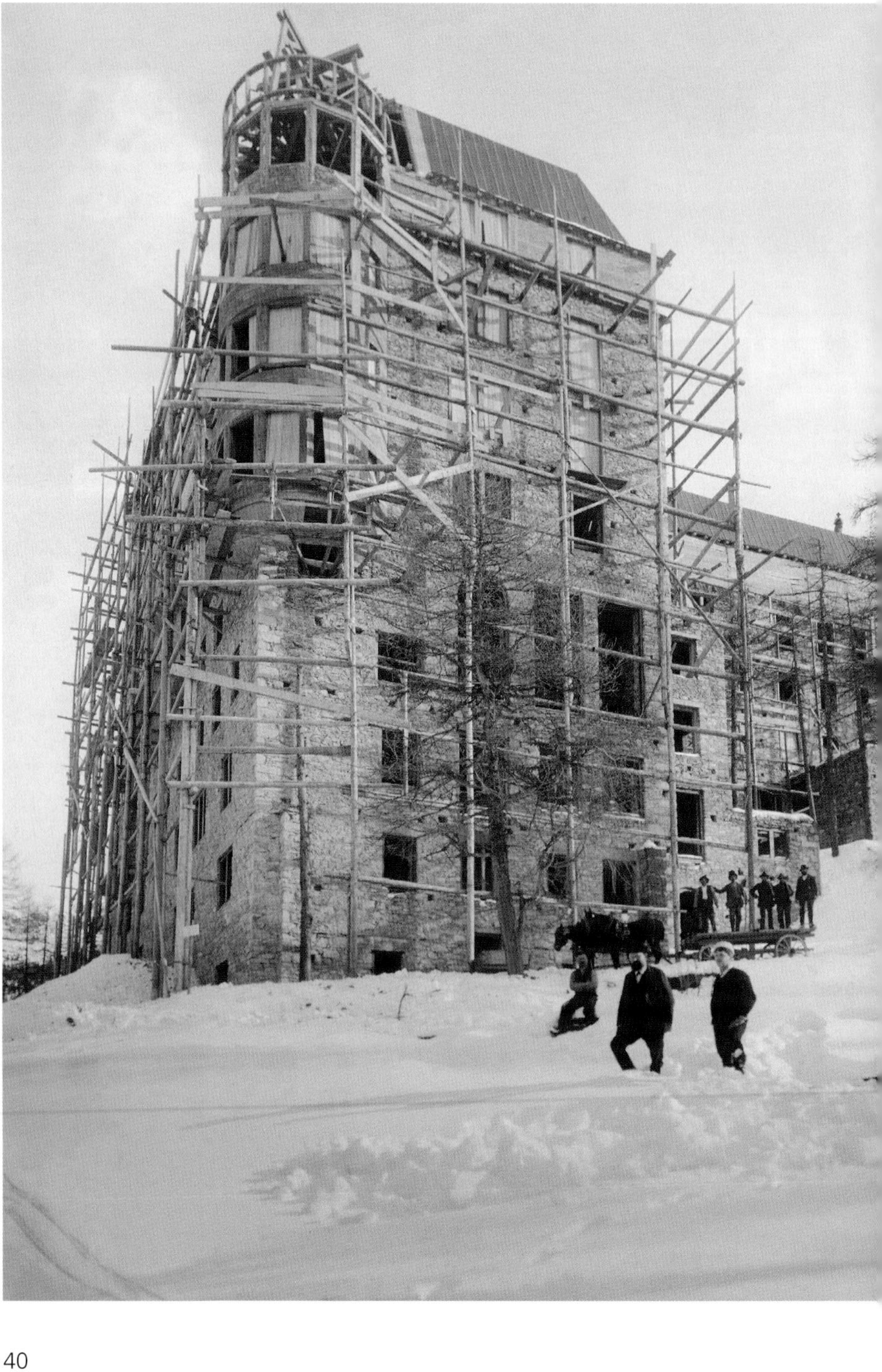

Das Waldhaus im Frühjahr 1908, kurz vor der Eröffnung, teilweise noch ohne Fenster.

Der Hotelbetrieb

Die ersten Jahre

Trotz der fehlenden Bahnverbindung nach Sils, über die man sich damals viele Gedanken machte, waren die ersten Geschäftsjahre sehr erfolgreich. Josef Giger führte sein neues Hotel so, wie er es auch gebaut hatte: Er kümmerte sich um alle Details und fällte alle Entscheidungen selber; er war ganz einfach der Patron im Haus. Zur Seite standen ihm seine Kinder, Gustav, Helen (bis sie 1911 Oskar Kienberger heiratete) und Fanny. Später kam auch Amalie zurück aus St. Petersburg, wo ihr Gatte bis ins Revolutionsjahr 1917 das *Hotel Europe* geführt hatte. Nach wenigen Jahren war Josef Giger aber gesundheitlich so stark geschwächt, dass er die Hotelleitung seinem Sohn Gustav Giger (1878–1957) übergab.

Der eingerüstete Rohbau mit zehn Etagen auf der Nordwestecke im Winter 1907/08.

Wie in allen anderen Hotels war der Kriegsausbruch 1914 auch für das Waldhaus ein gewaltiger Schock. Am 5. August war das Haus leer und die Saison mit einem Schlag zu Ende, bevor sie richtig

41

Oskar und Helen Kienberger-Giger mit ihren Kindern Helen und Oskar. Es fehlen Rolf und Gertrud. Foto 1914.

Oskar Kienberger-Giger (1879–1965)
Oskar Kienberger wuchs in Bad Ragaz auf, wo seine Eltern seit 1869 das neu eröffnete *Grandhotel Quellenhof* führten. Mit achtzehn verlor er seine Mutter, was den Vater bewog, die Quellenhof-Direktion aufzugeben und das *Grandhotel Gurnigel-Bad*, damals das grösste Hotel in der Schweiz, zu pachten. Kaum ein Jahr später starb auch sein Vater, so dass Oskar, noch kaum neunzehn, seine Ausbildung an der Kantonsschule St. Gallen abbrechen musste, um zusammen mit seinem Bruder Alfred diese Pacht zu übernehmen. Dies gelang ihm offenbar so gut, dass er sich zur Berufslaufbahn im Hotelgewerbe entschloss. In London konnte er im feinen *Claridge's* das Handwerk von Grund auf erlernen; Neapel, Kairo und Cannes waren seine weiteren Stationen. Zwei Sommer lang war er Chef de Réception im St. Moritzer *Hotel du Lac* unter der Leitung von Josef Giger, dessen Tochter Helen (1882–1959) er 1911 heiratete. Die erste Direktorenstelle erhielt er im *Engadinerhof* in St. Moritz Bad, seit 1909 war er Direktor im *Grand Hotel Rigi-Kaltbad*, wo er sich sehr wohl fühlte. So kam er 1918 mehr aus Pflichtgefühl als aus Leidenschaft nach Sils-Maria; auch die gleichzeitige Doppelfunktion als Leiter des *Palace Lugano* markierte noch Distanz. Bald einmal schenkten aber der brillante, belesene und vielseitig interessierte Hotelier und seine Gattin dem Waldhaus ihre ganze Kraft und ihr hervorragendes Können.

Urs Kienberger

begonnen hatte. In den folgenden Kriegsjahren konnte das neue Hotel trotz steigenden Kosten mit viel Engagement der Direktion über Wasser gehalten werden. Mit der Zeit türmten sich aber die organisatorischen und finanziellen Probleme immer höher auf. Zudem war der lebenslustige und gesellige Gustav wohl im Hotelfach gut ausgebildet, er hatte aber im Schatten des dominierenden Vaters kaum die Qualitäten entwickeln können, die in der schwierigen Situation nun erforderlich gewesen wären. 1918 holte der Familienrat deshalb die erfolgreichen Oskar und Helen Kienberger-Giger aus Rigi-Kaltbad nach Sils-Maria, wo sie, zuerst noch gemeinsam mit Gustav Giger, die Hotelführung übernahmen. Gleichzeitig entschloss man sich zur Umwandlung der Kollektivgesellschaft «Giger & Cie.» in eine Aktiengesellschaft, bei der die Familie Bon ihr finanzielles Engagement reduzierte. Die neuen Hauptaktionäre waren Josef Giger sowie seine Schwiegersöhne Josef Wolflisberg und Oskar Kienberger. Dieser übernahm mit der Zeit die überwiegende Aktienmehrheit, womit «*Giger's Waldhaus Sils*» zu «*Kienbergers Waldhaus*» wurde.

Die erste Wintersaison 1924

Oskar Kienberger sah rasch, dass dem hohen Schuldenberg mit Sommeröffnungen allein nicht beizukommen war. So entschloss er sich angesichts der sich gut entwickelnden Wintersaisons im Oberengadin zur erstmaligen Winteröffnung an Weihnachten 1924. Dieser Schritt bedingte erhebliche Umbauten: Sämtliche Fenster erhielten einen zweiten Flügel (auf der Innenseite), der Haupteingang wurde mit einem Windfang für die kalte Jahreszeit ausgestattet, und bei den Saalfenstern entfernte man die Oblichter. Zudem stellte man den Wintergästen gemeinsam mit dem *Hotel Barblan* eine neue Infrastruktur bereit: Eisfelder im Dorf, eine Schlittenbahn beim Wald-

Ein frühes Winterbild, um 1925.

haus sowie eine Skischule. Das Wagnis war ein Erfolg: Die investierten 100 000 Franken konnten bereits aus dem Ertrag der ersten Saison amortisiert werden. Deshalb gab Oskar Kienberger 1925 seine Direktion im *Palace* in Lugano auf und widmete sich fortan ganzjährig dem Waldhaus.

Der Brand von 1927

Am 11. März 1927, als die letzten Gäste das Haus eben verlassen hatten, brach im Südbau als Folge eines unentdeckten Schwelbrandes, den ein Monteur mit der Lötlampe entfacht hatte, ein Feuer aus. Der betroffene Gebäudeflügel brannte bis zum dritten Stock aus, und nur mit dem Grosseinsatz aller Feuerwehren der Region konnte ein noch grösserer Schaden verhindert werden. Oskar Kienberger entschied sich zum sofortigen Wiederaufbau bis zur Sommersaison. Bereits nach 14 Tagen konnten die Arbeiten nach Plänen von Architekt Koller aufgenommen werden. Der neu gestaltete Südturm mit Flachdach brachte wichtige bauliche Verbesserungen: Nebst dem Einbau zusätzlicher Baderäume tauschte man die Personalzimmer im obersten Stock mit den Gästezimmern im Parterre unter der Saaletage aus. Dadurch entstanden acht neue Zimmer mit Bad und Balkon. Am 8. Juni, knapp drei Monate nach dem Brand, konnte das reparierte Hotel wieder eröffnet werden.

Die Südostseite vor dem Brand von 1927, aber schon mit «wintertauglichen» Fenstern.

Der Brand vom 11. März 1927 zerstörte einen grossen Teil des Südflügels.

Eine neue Erscheinung in den 1920er-Jahren

Mit der Konzentration seiner Kräfte auf das Waldhaus und der Einführung von Wintersaisons brachte Oskar Kienberger die Finanzen wieder ins Lot. Gleichzeitig führte er Erneuerungen durch, die das Hotel noch heute prägen: Neben dem Einbau von 16 zusätzlichen Bädern erhielten alle Gästezimmer fliessendes Wasser, und auf den Süd- und den Westseiten entstanden neue Balkone. An der Südostecke der Saaletage liess Kienberger 1929 die Arvenstube sowie das neue Lesezimmer einbauen, und gleichzeitig wurde der ehemalige Lesesalon zur Bar umgestaltet. Das Dach des Hauptflügels baute er wintergerecht um, und auf der Nordseite erstellte er eine neue Wäscherei. Neue Tennisplätze wurden in den Felsen gesprengt, und es entstanden sukzessive 20 Garagen, nachdem Graubünden ab 1925 generell den Autoverkehr zugelassen hatte. Alle diese Arbeiten waren wiederum das Werk des Architekten Koller, der dem Waldhaus dadurch in den 20er-Jahren ein Erscheinungsbild geben konnte, das sich im Äussern bis heute beinahe unverändert hielt und im Innern in grossen Zügen bis zur Erneuerungsphase nach 1970 Bestand hatte.

Kofferkleber aus den späten 1920er-Jahren.

Betrieb auf Sparflamme bis 1960

In der Wirtschaftskrise ab 1931 brach der Umsatz um mehr als zwei Drittel ein; die guten Jahre waren für lange Zeit vorbei. 1939 wurde die Winteröffnung wieder aufgegeben, und die Direktorenfamilie zog im Herbst jeweils in die Garagenwohnung. Mit einer grossartigen unternehmerischen Leistung gelang Oskar Kienberger jedoch der Erhalt des Hotels in der Familie, was damals nur ganz wenigen Grossbetrieben im Engadin geglückt ist. Selbst während des Zweiten Weltkrieges blieb das Waldhaus jeden Sommer offen. Gleich nach Kriegsende konnte man deshalb wieder einen einigermassen normalen Hotelbetrieb aufnehmen.

1950 kam mit Rolf die zweite Kienberger-Generation in die Direktion, bis in die frühen 60er-Jahre noch zusammen mit seinem Vater Oskar. Seine Geschwister Helen, Oskar und Gertrud, die alle unverheiratet blieben, widmeten dem viel fordernden Familienbetrieb ebenfalls einen bedeutenden Teil ihres Lebens und ihrer Arbeit.

Die 50er-Jahre brachten dem Waldhaus eine erstaunliche Dichte von prominenten Gästen, aber vorerst noch keine wirtschaftliche

Gesundung. In Sils gestaltete sich der Wiederbeginn nach dem Krieg viel zäher als beispielsweise in Lugano oder St. Moritz. Zudem verlangte die in die Jahre gekommene Infrastruktur nach bedeutenden Investitionen, die der junge Rolf Kienberger unter anderem mit einer erneuten Winteröffnung finanzieren wollte. Doch sein Vater war geprägt durch die Krisen- und Kriegsjahre und stand diesen Plänen nun sehr skeptisch gegenüber. 1955 einigte man sich, als Kompromiss zwischen den Generationen, auf eine jährliche «Mini-Saison» über Weihnachten und Neujahr, mit der vorerst ein bescheidener Gewinn erarbeitet werden konnte. Erst 1963/64 wagte man sich an die erste richtige Wintersaison der Nachkriegszeit. Auf dieser neuen Basis als Betrieb mit zwei Saisons gelang dem Waldhaus in den nächsten Jahren die wirtschaftliche Kehrtwende als Fundament für die weitere Erneuerung des Hauses.

Das «Restaurant» im Zustand von 1959 (Architekt Alberto Camenzind).

Modernisierungen in den 1960er-Jahren

Den Auftakt zur ersten grösseren Modernisierung seit den 1920er-Jahren leitete der Architekt Alberto Camenzind (1914–2004), später Chefarchitekt der Expo 64 in Lausanne und ETH-Professor. 1959 erneuerte er den Hochzeitssaal (das ehemalige Restaurant) und im Jahr

Luftaufnahme nach dem Wiederaufbau des Südflügels 1927.

Rolf Kienberger-Müller (1917–1994)

Oskar und Helen Kienbergers zweiter Sohn war eigentlich kein Kandidat für eine Hotelkarriere. Im Gymnasium im zweisprachigen Freiburg überwog sein Interesse für Mathematik, Geometrie und Musik. Er liess sich dann aber, trotz Wirtschaftskrise und nahenden Kriegswolken, vom festen Glauben seiner Eltern an die Zukunft des Familienunternehmens anstecken. Ruhig, unscheinbar, willensstark und beharrlich machte er es zu seinem Lebenswerk, tatkräftig unterstützt von Rita Müller (*1926) aus St. Gallen, die er als Mitarbeiterin kennen lernte und 1951 heiratete. Seine Hoteliersausbildung führte ihn, unterbrochen von Militärdiensten, in zahlreiche schweizerische Traditionshäuser, bevor er 1946 Direktor des *Park Hotel* Lugano wurde. Ab 1950 übernahm er eine anspruchsvolle Doppelrolle als Direktor im Waldhaus – vorerst noch an der Seite seiner Eltern – und im *Seehof* Davos und später zehn Jahre lang im *Chantarella* St. Moritz, die damals keine Sommersaison kannten. Mit der erneuten Einführung von Wintersaisons im Waldhaus 1963 widmete er sich dann vollständig seinem Familienunternehmen.

Urs Kienberger

1953: Neue Generationen im alten Haus. Rolf und Rita Kienberger-Müller mit ihren Kindern Urs und Maria auf der Ostterrasse. Es fehlen Claudia und Jürg.

darauf die Hotelhalle mit dem Einbau des 165-armigen Leuchter (s. Abb. S. 21). Mit den gesteigerten Einnahmen nach der Wiedereinführung vollständiger Wintersaisons konnten weitere Arbeiten an die Hand genommen werden. Dazu gehörten die Neugestaltung des Eingangs 1967 durch Architekt Duri Barblan (1909–1988) sowie die Erneuerung aller Fassaden bis 1969, bei der das Kuppeltürmchen über der Ostfassade entfernt wurde. Die Qualifikation «rénové en grande partie» hatte Rolf Kienberger, etwas kühn vorausschauend, bereits im Hotelprospekt von 1964 verwendet.

Grosse Neubauprojekte 1970–1990

Mit dem an Weihnachten 1970 vollendeten Hallenbad von Otto Glaus (1914–1996), damals der bedeutendste Hallenbad-Architekt in der Schweiz, begann die Zeit der markanten Neubauprojekte. Das neue Bad – ein kühnes Vorhaben, das mehr als einen Jahresumsatz verschlang – fügt sich harmonisch ins Waldgebiet ein und führte zu einem markanten Anstieg der Gästezahlen. 1994 erhielt das Bad einen Sauna-Anbau von Renato De Pellegrini, in Zusammenarbeit mit Otto Glaus, mit einem Wandbild im Ruheraum von Alfred und Eka Bradler.

Nach dem Hallenbad folgten weitere Bauetappen unter der Leitung von Architekt Ferdinand Pfammatter (1916–2003): 1973 wurden Kinderzimmer und Toiletten ins Parterre verlegt und an ihrer Stelle in der Saaletage der neue «Sunny Corner» geschaffen. Fünf Jahre später entstand der neue Vorbau beim Speisesaal. Zwischen 1982 und 1985 erstellte Pfammatter den «Palais du Garage» unterhalb der Fexerstrasse, eine Tiefgarage mit Tennishalle, Spielraum, Coiffeursalon und zwei Personalhäusern. 1986 gab er auch der Hauskapelle ihre heutige Form. In diesen Jahren erhöhte sich die Zahl der Badezimmer von 70 auf 140.

Mit dem 1970 vollendeten Hallenbad von Otto Glaus, dem damals bedeutendsten Hallenbad-Architekten der Schweiz, begann die Zeit der markanten Neubauprojekte.

Rückbesinnung

1987 zog sich Rolf Kienberger aus der operativen Leitung zurück und übergab das Haus an seine Tochter Maria und deren Gatten Felix Dietrich, die bereits seit 1977 an der Direktion beteiligt waren. Zwei Jahre später trat auch Urs Kienberger in die Hotelleitung ein, während sich die beiden anderen Kinder der dritten Kienberger-Generation, Claudia und Jürg, nicht an der operativen Geschäftsleitung beteiligten.

Diese neue Leitung realisierte, neben zahlreichen Infrastrukturvorhaben, in den 1990er-Jahren mit Architekt Peter A. Casada (1941 bis 2003) eine Bauetappe, bei der die historischen Werte des Hauses sukzessive an Bedeutung gewannen: 1991 erhielt die Hotelhalle ihre heutige Erscheinung, und bis 1997 wurde das vierte Stockwerk in eine vollwertige Gästeetage umgebaut. Mit dem Umbau der Hotelhalle entstand 1991 im Parterre gleichzeitig das neue Sitzungszimmer «Grevasalvas» mit einem künstlerischen Querschnitt durch das Werk des Wahlsilsers Hannes Gruber (*1928).

Jahr	Betrag
1960	145 461
1961	202 009
1962	165 956
1963	139 400
1964	313 526
1965	133 830
1966	145 446
1967	370 093
1968	267 115
1969	308 282
1970	918 768
1971	894 794
1972	461 472
1973	591 570
1974	699 070
1975	480 807
1976	574 601
1977	952 692
1978	1 591 382
1979	539 022
1980	966 280
1981	1 005 183
1982	2 232 626
1983	3 489 008
1984	1 651 982
1985	1 603 398
1986	1 291 485
1987	1 585 256
1988	1 521 028
1989	2 193 689
1990	2 196 636
1991	3 027 271
1992	2 739 147
1993	1 959 943
1994	2 957 122
1995	3 151 659
1996	5 692 968
1997	2 758 373
1998	2 971 935
1999	3 602 223
2000	4 523 296
2001	3 721 933
2002	3 479 686
2003	3 138 928
2004	3 924 385

Bettvorleger und Tiefgaragen: jährliche Gesamtausgaben für Unterhalt und Investitionen.

Felix und Maria Dietrich-Kienberger und Urs Kienberger

Teamgeist, Organisationstalent und Sinn für das Praktische; ausgleichende Besonnenheit und Sinn für Zahlen; mit Witz temperierter Perfektionismus und Sinn für komplexe Zusammenhänge: Das Trio, das heute in der vierten Generation die Geschicke des Waldhaus bestimmt, deckt ein breites Spektrum ab. Felix Dietrich (*1950) aus St. Gallen arbeitete bereits als Schüler und während seiner Ausbildung im Bankfach im Waldhaus. Diese Jugenderfahrungen weckten sein Interesse für die Hotellerie. Während und nach seiner Ausbildung an der Hotelfachschule Lausanne kam er in verschiedene prominente Betriebe in der Schweiz, in Italien und England und immer wieder auch ins Waldhaus. 1977 stand ihm und seiner Frau Maria Kienberger (*1953), selbst Absolventin der Hotelfachschule Belvoirpark in Zürich (sie hatten 1975 geheiratet) eine interessante Direktion in Lugano in Aussicht; statt dessen kamen sie aber zurück nach Sils, wo Rolf Kienberger einen Herzinfarkt erlitten hatte. Gemeinsam mit Rita und Rolf Kienberger, seit 1987 allein, übernahmen sie die Leitung des familieneigenen Betriebs. 1989 trat ihnen Urs Kienberger (*1952) an die Seite, der in St. Gallen und Amerika Volkswirtschaft studiert und für eine grosse Schweizer Bank gearbeitet hatte.

Urs Kienberger

Wie weiter im Waldhaus? Die vier Kienberger-Geschwister Urs, Maria Dietrich, Claudia Klotz und Jürg und ihre Ehepartner Nancy Kienberger, Felix Dietrich, Peter Klotz und Claudia Carigiet mit der nächsten Waldhausgeneration: Claudio Dietrich (1977), Franca Nugnes-Dietrich (1976), Patrick und Sandra Dietrich (beide 1980), Manuela Klotz (1982), Carla Dietrich (1983) und Lena Kienberger (1986). Es fehlt Beatrice Kintzinger-Klotz (1979), die in Kanada zu Hause ist. Dabei sind aber «Nana» Rita Kienberger-Müller und Urgrosskind Lara Nugnes. Aufnahme vom Oktober 2004.

1995 begannen die Basler Architekten Miller & Maranta ihre Arbeit im Waldhaus mit der Renovation von Gästezimmern. 1999–2000 planten sie den anspruchsvollen Umbau der Bar, den Anbau des neuen Lesesalons und den Neubau der darunter liegenden Konferenzräume. 2003 gestalteten sie einen neuen lichtdurchlässigen Eingangsbereich mit einem «schwebenden» Vordach und einem modern-kontrastierenden Gepäckeingang. 2004 entwarf der Architekt Armando Ruinelli aus Soglio neue Gästezimmer in einer zurückhaltenden, vom Geist des Waldhaus inspirierten Moderne. 2005 schliesslich waren wiederum Miller & Maranta federführend beim Treppeneinbau in die vierte Etage sowie beim Um- und Rückbau der Etagenkorridore.

Würdigung

Das Hotel Waldhaus Sils-Maria entstand in enger Zusammenarbeit zwischen dem erfahrenen Hoteliersehepaar Josef und Amalie Giger-Nigg und dem jungen, dynamischen Architekten Karl Koller. Das Besondere an diesem Hotel lag zur Bauzeit nicht an seiner Grösse (im Oberengadin gab es damals bereits grössere Hotels), sondern an seiner imposanten Erscheinung sowie an seiner präzisen Planung und Ausführung. Mit akribischer Sorgfalt und enormer Fachkenntnis wurde alles bis ins letzte Detail festgelegt, von der extravaganten Hügellage über die betrieblich optimale Raumanordnung bis zur Grösse und zur Form des Essbestecks. Aus der dreijährigen, fruchtbaren Zusammenarbeit ist kein Bauwerk entstanden, das mit den Schaufassaden der eleganten Hotelpaläste in St. Moritz wetteiferte, sondern eine «Burg» als Kontrast zu deren Prunk und Luxus.
Bei der Fassadengestaltung distanzierte sich der Architekt vom überbordenden Formenreichtum des um 1901 von ihm entworfenen *Park Hotel* in Vitznau oder von der erdrückenden Monumentalität seines *Grand Hotel* in St. Moritz, das bei Planungsbeginn in Sils gerade vollendet war (s. Abb. S. 38 u. 39). Beim Entwurf wurde Koller bereits von den Gedanken des jungen Heimatschutzes beeinflusst, die den Architekten einen Rückgriff auf traditionelle, bewährte Materialien und auf regionale Bauformen nahe legten. So ist die «Burg» auf dem Hügel eigentlich nur eine symbolische Geste. Auf seiner ostseitigen Hauptfassade präsentiert sich das Hotel Waldhaus vielmehr als sechs-

Fassadenpläne Ost (oben) und Nord (unten) von Architekt Koller, datiert 1926.

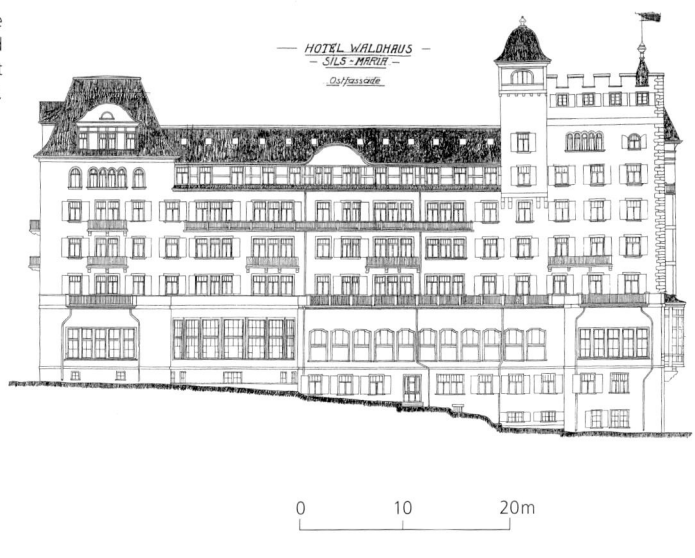

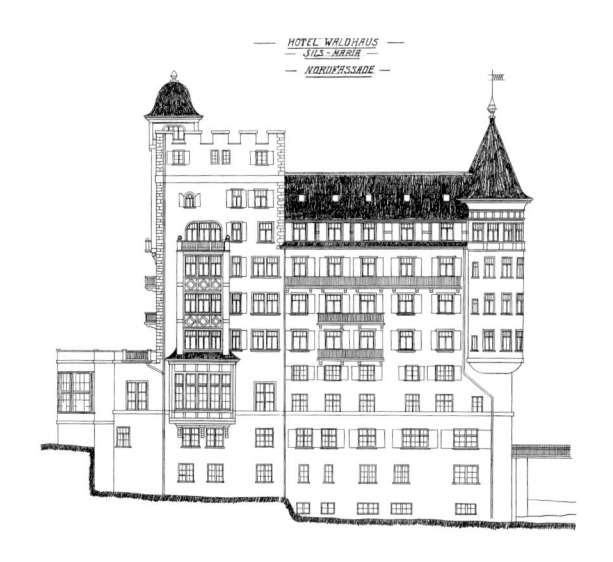

stöckiges «Haus» mit ausgebautem Mansartdach und Blendgiebel in der Mittelachse sowie Eckrisalit auf der Südseite. Erst beim Übergang zur Nordseite, wo das Gelände steil abfällt, mutiert das «Haus» zur «Burg» mit einem massiven, zinnenbekrönten Nordostturm und einem eleganten Rundturm mit Spitzdach in der Nordwestecke.

Auch bei der Ausstattung offenbart sich die Weiterentwicklung von der überschwänglichen Formensprache der Belle Époque aus dem späten 19. Jahrhundert zur schlichteren Ausprägung am Anfang des 20. Jahrhunderts. Anschaulichstes Beispiel dafür ist der Empire-Salon (Musiksalon) im filigranen Empirestil, bei dem – in den Stuck-Rocaillen über der Tür – noch die letzten Töne der Belle Époque ausklingen. Im Waldhaus steht nicht der Dekor, sondern die Echtheit der Materialien im Vordergrund. Mit wenigen dekorativen Mitteln und einer restriktiven Materialwahl trachtete der Architekt nach einem maximalen Effekt. Für Böden und Wände kam grundsätzlich Eichenholz zur Anwendung; wertvollere Täfer, beispielsweise im ehemaligen Lesesalon (heute Bar), erhielten Nussbaumholz, und nur im Empire-Salon griff man zum Mahagoniholz.

Das Waldhaus ist eines der wenigen Schweizer Hotels, die in ihrer Konzeption bis heute dem Geist der seinerzeitigen Gründer verpflichtet blieben. Es ist auch als eines der ganz wenigen Fünfsternhäuser seit der Eröffnung stets im gleichen Familienbesitz. Waren es früher zum Teil einfach die fehlenden Finanzen, so ist es in neuerer Zeit die überzeugte Anerkennung der ursprünglichen Werte durch die Eigentümerschaft, die das Haus im Wald zu einem aussergewöhnlichen Original machen. Nicht nur das Äussere entspricht vorwiegend dem historischen Bestand (der Südflügel im Zustand von 1927), auch im Innern finden wir eine erstaunlich originalgetreue Ausstattung: von der mehrheitlich erhaltenen Zimmereinteilung über das originale Treppenhaus sowie die ursprünglichen Korridore und Säle im Eingangsgeschoss bis zu den mit Originalmobiliar wieder hergestellten Gästezimmern. Sogar die Umbauten aus dem dritten Viertel des 20. Jahrhunderts, andernorts oft rücksichtslos im Umgang mit der historischen Architektur, integrieren sich im Waldhaus ohne massive Störung ins Gesamtwerk. Die neusten architektonischen Zutaten bilden eine eigenständige, aber diskrete Bereicherung in der Gestaltung.

Gigers Ziel war es nach eigenen Angaben, ein Werk «für seine Kinder» zu schaffen, ein Werk also, das auf Kontinuität setzte und damit auf inneren Qualitäten und menschlichen Werten aufbaute. Nach diesem Leitsatz hat er ein Fundament gelegt, auf dem die Familie Kienberger das Haus behutsam weiterentwickeln konnte. Das heutige familiäre Dreigestirn in der Leitung brachte das Waldhaus mit Fachwissen, Kompetenz und Innovation zur grössten Blüte in seiner Geschichte. Die Auszeichnung zum «Historischen Hotel des

Hoteluhr und Schiefertafel vor dem Direktionsbüro.

Jahres 2005» durch die Jury von Icomos, dem internationalen Rat für Denkmalpflege, bedeutet die verdiente Anerkennung für dieses aussergewöhnliche Engagement.

Nach einem Jahrhundert ist das Waldhaus zu einer ganz besonderen «Hotelburg» geworden: zu einem Bollwerk für die Pflege der hochwertigen schweizerischen Hoteltradition und gegen eine immer schnelllebigere Wegwerfmentalität. So begrüsst und verabschiedet im «Haus» der Familien Kienberger und Dietrich noch heute – wie in der Belle Époque – ein Mitglied der Direktion persönlich jeden Gast. So werden auch im Zeitalter des Computers alle Arrivées und Départs noch mit Kreide auf die Schiefertafel vor der Kasse notiert, dort, wo man noch heute, wie 1908, seinen Aufenthalt bezahlt. Und die originale Hoteluhr vor dem Direktionsbüro legt noch heute im ganzen Haus fest, was es soeben geschlagen hat. Das Waldhaus ist zudem ein Hotelbetrieb mit aussergewöhnlichen ethischen Grundsätzen geblieben, bei denen sich nicht nur der «Gast als König» fühlt, sondern auch die Mitarbeitenden zu einer «Grossfamilie» gehören; so hat kürzlich erst der sechste Concierge in der Waldhausgeschichte seine Arbeit aufgenommen. Es mag deshalb nicht erstaunen, dass das Waldhaus heute zahlreiche Stammgäste in dritter, vierter und zum Teil bereits fünfter Generation beherbergen darf.

Quellen und Literatur
Quellen: Archiv Hotel Waldhaus Sils: Bau- und Umbaupläne, Korrespondenz 1905–1908, Vertragsbuch 1905–1908 etc. – Staatsarchiv Graubünden, Chur: Nachlass Koller. – Kulturarchiv Oberengadin, Samedan: Akten und Fotografien. – Museum für Kommunikation, Bern: Sammlung Engadin Press. – Eidg. Archiv für Denkmalpflege, Bern: Fotosammlungen.

Mehr zum Waldhaus: KIENBERGER ROLF UND URS. Streiflichter aus der Waldhausgeschichte. Sils-Maria 1983. (Hotel- und Besitzergeschichte bis 1983) – SCHAEFER A.T. Das Waldhaus. Mönchengladbach 1998. (Eine optische und literarische Annäherung) – KIENBERGER JÜRG u. a. Das Waldhaus in Sils-Maria. München 2003, Winter & Winter. (Audio-CD zum Hotel) – Welte-Mignon Piano. Zürich 2000, Tudor. (CD zum Klavier) – Trio Farkaš. Quartet for Piano, Hotel, Violin and Cello. Sils-Maria 1996. (CD der Hausmusik)

Mehr zu Sils, zum Engadin und zur Hotelgeschichte: BOPPART RUDOLF. Sils im Engadin. St. Gallen 1980, 1994[2]. – BOPPART RUDOLF. Sils im Engadin in alten Ansichten. Sils 1999. – Bündner Hotellerie um 1900 in Bildern. [Schriftenreihe des Rätischen Museums Chur 37]. Chur 1992. – FLÜCKIGER-SEILER ROLAND. Hotelträume zwischen Gletschern und Palmen. Baden 2001, 2005[2]. – FLÜCKIGER-SEILER ROLAND. Hotelpaläste zwischen Traum und Wirklichkeit. Baden 2003, 2005[2]. – FLÜCKIGER-SEILER ROLAND. Hotels und die Engadiner Gebirgswelt – Die späte touristische Erschliessung des Bündnerlandes. In: Die Alpen, Zeitschrift des SAC, 10/2004. Bern 2004, S. 26–28. – MARGADANT SILVIO, MAIER MARCELLA. St. Moritz – Streiflichter auf eine aussergewöhnliche Entwicklung. St. Moritz 1993. – RAABE PAUL. Spaziergänge durch Nietzsches Sils-Maria. Zürich, Hamburg 1994, 2005[6]. – RUCKI ISABELLE. Beispiele des frühen Hotelbaus in Sils im Engadin. In: Unsere Kunstdenkmäler 1982, Heft 4. Bern 1982, S. 433–438. – RUCKI ISABELLE. Das Hotel in den Alpen – Die Geschichte der Oberengadiner Hotelarchitektur von 1860 bis 1914. Zürich 1989. – SEGER CORDULA. Grand Hotel. Schauplatz der Literatur. Köln, Weimar, Wien 2005.

Bildnachweise
Archiv Hotel Waldhaus: Umschlagseite vorn, S. 8 o. l., 10 o., 11, 16, 18 u., 23 u., 24, 25 o., 29, 30, 37, 39 u. l., 40, 42, 43, 44 u., 45, 46 u., 47, 49, 51, Umschlagklappe innen. – Museum für Kommunikation, Bern: S. 5 o., 7, 8 o. r., 8 u. r., 9, 10 u., 15 u., 17, 38 u., 39 o. l., 41, 44 o. – Eidg. Archiv für Denkmalpflege, Bern: S. 5 u., 6, 8 u. l., 39 u. r., 46 o. – Guido Schmidt, Sils: S. 13, 20, 21 o., 22 o., 27. – Roland Flückiger-Seiler, Bern: S. 14, 18 o. l. – Archives de Montreux: S. 15 o. – Quintus Miller, Basel: S. 18 o. r. – Patrick Blarer, Samedan: S. 19, 31. – Staatsarchiv GR, Chur (Nachlass Koller): S. 21 u., 23 o. – A.T. Schaefer, Stuttgart: S. 22 u., 28, 35, 48, 53, Umschlagklappe aussen. – Ruedi Walti, Basel: S. 25 u., 26, 34. – Harry Heiz, Wangen (ZH): S. 32. – Schweizerisches Landesmuseum, Zürich: S. 38 o. – Schweiz. Gesellschaft für Hotelkredit, Zürich: S. 39 o. r. – Max Weiss, St. Moritz: Umschlag hinten.

Dank
Dieser Führer entstand auf Anregung von Urs Kienberger. Der grösste Dank geht deshalb an ihn sowie an Maria und Felix Dietrich-Kienberger, die dem Autor mit jeder erdenklichen Unterstützung zur Seite standen. Zum Gelingen haben ebenfalls beigetragen: Doris Amacher, Anne-Françoise Buchs, Corina Huber, Dora Lardelli, Evelyne Lüthi-Graf, Dr. Silvio Margadant, Quintus Miller, Marc Antoni Nay, Dr. Hans Rutishauser, Marietta und Nora Tschander (Urenkelin und Enkelin von Karl Koller) sowie Dr. Rolf Wolfensberger. Meinem Sohn Olivier danke ich herzlich für die kritische Textlektüre.

Der Autor
Dr. Roland Flückiger-Seiler ist Architekt und Architekturhistoriker. Langjährige Tätigkeit als Denkmalpfleger im Kanton und (seit 2000) in der Stadt Bern. Forschungsarbeiten auf dem Gebiet der schweizerischen Architektur- und Kulturgeschichte (u. a. Nationalfonds-Projekt «Schweizer Hotelbauten 1830–1920»). Zahlreiche Publikationen zur Schweizer Hotelgeschichte: «Hotelträume» und «Hotelpaläste» und Lehraufträge. Initiant der ICOMOS-Auszeichnung «Das historische Hotel / Restaurant des Jahres».

Nützliche Hinweise
Hotel Waldhaus
CH-7514 Sils-Maria
Tel. +41 (0)81 838 51 00
www.waldhaus-sils.ch